005

PRE · TEXTOS kutchak

Massimo Cacciari nasceu em Veneza em 1944, é professor emérito da Faculdade de Filosofia da Universidade San Rafaelle de Milão. É autor de numerosos ensaios filosóficos; entre os que mais marcaram a disciplina estão *Krisis*, Feltrinelli, Milão, 1976; *Dallo Steinhof*, Adelphi, Milão, 1980; *Drama y duelo*, Tecnos, Madri, 1989; *Drân. Méridiens de la décision dans la pensée contemporaine*, L'Eclat, Paris, 1992; *Dell'Inizio*, Adelphi, Milão, 1990; *L'Arcipelago*, Adelphi, Milão, 1997.

MASSIMO CACCIARI

O poder que freia

TRADUÇÃO **Pedro Moura Fonseca**
PREPARAÇÃO **Maria Fernanda Alvares**
REVISÃO **Daniela Lima**

Sumário

O PODER QUE FREIA

I
O problema da teologia política

Nossa atenção se concentrará em um aspecto que se tornou central no debate contemporâneo, sobretudo graças a Carl Schmitt, da relação entre teologia e política na cristandade ocidental.[1] Trata-se do problema que emerge das enigmáticas palavras da Segunda epístola aos tessalonicenses 2Ts 2,6-7, que certamente, se

1 | Para uma extensa análise do debate, ver M. Nicoletti, *Trascendenza e potere. La teologia politica di Carl Schmitt*, Brescia, 1990. Mais recentemente, C. Galli, *Le teologie politiche di Carl Schmitt*, in M. Ruggenini, R. Dreon e S. Galanti Grollo (orgs.), *Democrazie e religioni*. Roma, 2012.

não é de Paulo, se refazem a seu ensinamento, em que se fala de algo ou alguém que contém-retém-freia (*to katechon* – *ho katechon*) o definitivo triunfo do Espírito da impiedade, *atrasando* com isso também seu aniquilamento pela força do sopro da boca do Senhor. A relação entre teologia e política se apresenta, como é óbvio, em termos historicamente determinados, mas suscita, ao mesmo tempo, questões de ordem teórica em geral. Trata-se apenas de analisar as transformações de uma perspectiva imanentista de ideias 'religiosas'? As diversas investigações sobre o processo, ou destino, de *secularização* seguem esse esquema. Mas a própria ideia de secularização pressupõe que princípios essenciais da Revelação ou do Anúncio, antes de serem 'capturados' e pensados em dogmas, possuem uma propriedade tal que os tornam transponíveis ou traduzíveis em fatores constitutivos do agir político.[2] A expressão 'teologia po-

2 | É esta perspectiva que nos parece ausente mesmo em obras de grande envergadura como *L'età secolare*, de C. Taylor (trad. it., Milão, 2009).

lítica' não pode limitar-se a significar a influência das ideias teológicas sobre as formas de soberania mundana, pressupondo uma separação originária entre as duas dimensões, deve na verdade captar a orientação ou a destinação política imanentes à *vida* religiosa, que está na base da própria elaboração teológica. Relação, como se observará, de nenhum modo linear e, no entanto, de modo algum completamente resolvível; relação que é perene *con*-flitar, na qual não se dá outra paz além daquela da mediação e do compromisso.

Paulo – ou quem o interpreta ou tenta explicar seu pensamento, sem dúvida como fiel discípulo – retoma a escatologia da Primeira epístola aos tessalonicenses para advertir que o Senhor Jesus não virá antes que se realize a obra de seu Adversário (*Antikeimenos*). Seu dia haverá de ser precedido pelo completo afastamento da apostasia (*discessio*), do *mistério da anomia* (*mysterium iniquitatis*); ao mistério que é a epifania do Cristo segue o apocalipse, segundo a força de Satanás, do Ímpio, daquele que *finge* ser Deus e como Deus exige ser adorado. O dia do Senhor deve ser assim *esperado*, atravessando esse tempo de imensa devastação. O fim está *decidido*. Não há mais *novitas* a ser descoberta. Mas é preciso aguentar com a firmeza do mártir a última investida do antigo Dragão. É a prova que o Senhor impõe antes de sua vitória. No entanto, outro poder parece agir precisamente no espasmo deste tempo último, cuja duração é vão conjeturar – um poder que refreia o apocalipse, o desvelamento perfeito do Ímpio. Mas, quando aquele que a encarna for afastado, nesse momento nada mais permanecendo *entre* o Adversário e o Senhor Jesus, virá por fim este último para condenar todos os que não acreditaram em sua verdade. O termo grego é *to katechon*, neutro, em sua aparição («et nunc *quid detineat* scitis...»), e *ho katechon*, masculino, na segunda («*qui* tenet nunc...»). O presente ensaio fará uma análise dessa palavra e da enorme relevância histórica, política e teológica que ela pode assumir. Mas antes é necessário introduzir o contexto geral que esse difícil texto pressupõe e, ademais – como se dizia–, fazer emergir as orientações fundamentais da filosofia política vinculadas a essa visão apocalíptica do tempo.

Antichristos, como é sabido, é um termo não utilizado no Novo Testamento, a não ser nas epístolas de João. Não obstante, os traços do Adversário, neste caso assim como no *Apocalipse* e, antes, em Mc 13,22 (os pseudocristos e os pseudoprofetas que farão prodígios e portentos para seduzir os próprios escolhidos), são os mesmos. A Hora é esta – o Reino é agora –, mas somente para aqueles que estão *decididos a acreditar*, *decididos a ser-para-o-Evento*. O significado do tempo apocalíptico consiste nisto: a cada instante o indivíduo é convocado para esta decisão, a cada instante ele é convocado a decidir ante um *aut-aut* último, frente a frente com o *eschaton*: ou viver integralmente a verdade do Evento, ou integralmente acreditar no 'poder da sedução'. Esse é o chamado dirigido a todas as gentes, sem distinção alguma. Quaisquer diferenças de tradições e costumes, de classe, de língua, em uma palavra: de *ethos*, são anuladas. Não mais *povos*, mas *multidões* de chamados. Conta exclusivamente a diferença entre quem vive este tempo escatologicamente, e quem, ao contrário, como um *momento* destinado a transcender em outras épocas, é uma figura da história, em cuja dimensão as decisões que têm lugar não poderão jamais se apresentar como definitivas. Aqueles que creem formam agora o corpo dos *cives futuri*, prefiguração do paulino *politeuma en ouranois* [Fl 3,20], esperança segura da verdadeira Paz da Jerusalém celeste. Os outros, os 'pagãos', não sabem o que é uma verdadeira cidade, uma verdadeira cidadania – 'reacionários', incapazes de escutar a radical *novitas* do Anúncio, resistem a sobreviver apenas. A *decisão* entre quem escuta-crê e o povo de dura cerviz se mostra, desde a origem, na imagem de duas formas de cidadania: a que aqui e agora opera para *prolongar-se no futuro*, que concebe o próprio presente em função do futuro prometido, e a que permanece agarrada ao presente, que atua para assegurar e conservar sua forma. A primeira é a comunidade da esperança, que tem seu fundamento na fé; a segunda combate por um fim *disperato*: que não aconteça o Fim! O conflito é *pre*-julgado; todavia, seu tormento, cuja história, como veremos em Agostinho, precede nossa era, continua mais intensamente do que nunca. A *decisão* pela cidadania futura, que se origina da fé na *novitas*: Jesus é o Cristo, só pode expressar uma *reserva escatológica* em relação a qualquer poder que se exercite essencialmente com o objetivo de *manter em forma*, custodiar ou conservar. Nesse caso, a *auctoritas* – o que inaugura, inova, faz crescer e prosperar – pertence essencialmente a quem carregou a espada entre o próprio tempo escatológico e todo o 'estado' precedente. Sumo *Auctor* é, sim, o Pai, mas o Pai que chama à *civitas* celeste, e que nos 'libera' do *genitor* da cidade terrestre, da gente, da violenta *consuetudo* (assim a define Agostinho no *De civitate Dei*), do *ethos*. O poder, a *potestas*, mundano não pode pretender uma autêntica *auctoritas*. Pode 'reger', talvez, no sentido mais 'laico' do termo *rex*, mas não *conduz*, não 'impera', até os fins últimos. Tal profecia torna, de agora em diante, impossível a qualquer Estado 'estar em paz'.

O valor que passam a assumir a categoria da decisão e a ideia da *novitas* contra qualquer poder conservador, o rompimento do nexo, 'ontológico' para Roma, entre *potestas* e *auctoritas* são elementos centrais do símbolo teológico cristão, *determinantes* para a dimensão política da Era, que com esse símbolo se abre. O *saeculum*, em suas formas e conflitos, orienta-se em representá-los segundo seu significado. E esse significado só é compreensível à luz da visão escatológica, própria das passagens neotestamentárias citadas no início, e em cujo contexto aparece a figura do *katechon*. O tempo breve, o *espasmo* da espera, exigia de todo modo ser interpretado. O *katechon* é apenas a imagem dessa protelação? Ou seu poder seria determinado, um *sujeito* que age conscientemente para protelar o confronto último entre a *encarnação* da Impiedade e a *parusia*, a plena e perfeita *presença* do Logos-Verdade? E qual relação poderia subsistir entre tal potência e a *potestas* puramente 'régia', que se manifesta no século *contra* a *auctoritas* da cidadania futura?Para tentar uma resposta, é necessário voltar ao problema da teologia política em geral: visto que somente em seu quadro poderá aparecer a essencialidade ou não da figura katekhontica. Voltar ao problema – ou seja, de que forma, marcada por quais aporias, a soberania política pode assumir a perspectiva de uma teologia – para o qual a autêntica *auctoritas* é somente aquela que, 'prolongando-se no futuro', parece destinada a desmantelar qualquer desejo de 'Estado'. A indisponibilidade de uma teologia similar em relação a qualquer forma de poder que reivindica para si plena autoridade mostra-se desde já evidente. Não pode subsistir soberania 'monoteísta'. E é perfeitamente justo, a esse propósito, explicar tal indisponibilidade à luz do paradoxo essencial do Anúncio: isto é, o paradoxo da consubstancialidade na distinção Padre-*Auctor* e filho, porém com a condição de que se saiba tirar todas as consequências, a condição de que se compreenda corretamente o que torna altamente problemática, quanto necessária, a relação dessa teologia com qualquer forma de poder secular.

A tensão da espera, e de perseverar *paciente* nela, torna intolerável toda 'confusão' política entre *potestas* e *auctoritas*, mas, ao mesmo tempo, é inevitável conceber a soberania política como necessária *in hoc saeculo*. Não é possível 'desencarnar' o tempo que resta dos poderes, dos 'arcontes' que também o representam. Com eles deve confrontar-se quem se decidiu pelo Agora, o *persuadido*, com o risco de pecar, crendo-se já perfeito, já espírito, já cidadão beato da cidadania celeste. Mas confronto significa mediação. E mediação não pressupõe compromisso? Eis a irredutível contradição: na medida em que apareça como a secularização da teologia que afirma a *soberania* do Logos, todo poder é chamado a expressar-se como *mediação*. O *mediador* dispõe do efetivo comando, mas não resolve em si imediatamente toda *auctoritas*, não é autarquicamente sua fonte e sua sede. O poder *representa* – e assim assume sempre a própria autoridade do representado. Mas, enquanto no nexo entre Pai e Logos aquele que crê reconhece rostos distintos do *Unum*, na 'representação' política isso se torna para ele necessariamente impossível. Desse modo, de um lado ele exige que o poder se configure como imagem desse nexo teológico – isto é, saberia concebê-lo apenas como potência de *mediação* –; do outro, sua própria teologia lhe mostra de maneira evidente a radical inconsistência da imagem. Ele reflete sobre o poder político na perspectiva de uma teologia que vê a soberania do Logos expressar *livremente* completa obediência ao *Auctor*, e livremente mediar sua vontade à multidão, enquanto, também, é obrigado a reconhecer que a relação secular representante-representado não expressa sequer uma vaga semelhança com a *exegese* do Pai operada pela encarnação do Logos. A relação entre esses 'rostos' de Deus não possui nada de adventício ou contingente: na relação política, ao contrário, na mediação política, ninguém detém propriamente a *auctoritas*, nenhuma *potestas* pode ser 'crida' como imanente, desde sua origem até o *Auctor* que revela e encarna.

Por sua vez, tampouco a soberania política poderá 'reger', se destituída de um efetivo reenvio ao princípio de autoridade. Como poderia o soberano se reduzir a mero 'representante', legitimado essencialmente pela eficácia da mediação que opera entre os interesses que agitam e dividem a multidão? Já a simples representação pressupõe uma interpretação. Representar não pode reduzir-se a executar – e interpretar implica o fato de indicar um sentido, abrir uma perspectiva e o desejo de *conduzir* por esse caminho. Sobre qual autoridade essa instância é fundamentada? A autoridade só pode provir 'do alto' no que concerne ao plano da mediação ou do compromisso efetivamente almejados. Mas *quem* está no alto? O próprio detentor do poder, visto que é colocado lá por seus representados, para salvaguardar suas vidas? Mas a solicitação destes sempre pode mudar – e o soberano resistirá sempre a 'obedecê-la'. A 'cumplicidade' das duas dimensões é o reino da *insecuritas* ontológica. Se o soberano 'transcende' seus representados simplesmente contendo-os em si, enquanto seu corpo aparece 'composto' deles, sua transcendência é puro artifício. Artifício que tem como objetivo, também, a neutralização do que finge estar por cima, enquanto a *auctoritas* própria do símbolo teológico convida a uma liberdade capaz de *sobre-vencer* a própria *exclusiva* humanidade, *elevando-se para além dos limites da natureza humana*[3]. A transcendência da *auctoritas* políti-

3 | O verbo empregado em italiano é «transumnarsi», ou seja, um elevar-se para além da natureza humana para alcançar a divina. (N. do. T.)

ca ameaça assim tornar-se irrepresentável. Quem projeta no quadro a teologia do Deus-Trinitas é obrigado a deter-se ante um abismo intransponível: no símbolo teológico é o próprio *Auctor* que se apresenta, que se faz realmente presente, no rosto distinto do Logos-Mediador. E o representante-mediador é *en arché*, no início e desde o início, *uno* com o *Auctor*. Aqui, ao contrário, a representação postula uma diferença substancial, ou melhor: é concebível somente em virtude da diferença entre representante e representado, permitindo assim que os dois possam sempre, a todo momento, também *autorrepresentar-se* como separados e autônomos. Uma teologia política concebida à luz do Deus-Trinitas se revela, por isso, ainda mais problemática do que a que se conforma com um monoteísmo puro. Mas é somente como sua secularização, e esta como uma possibilidade imanente a ela, que compreendemos o sentido escatológico da ideia de representação, do nexo entre autoridade e poder, da relação, *in hoc saeculo*, entre o *civis futurus* e toda forma de resistência 'pagã'. Mas pode seu compromisso fundar-se em uma ideia de poder como o que simplesmente distribui e administra? Como a força que retém a anomia? Mas qual é a relação dessa força com o dia do Senhor e, portanto, com a espera e a paciência do *civis futurus*? Em que sentido pode-se dizer que a anomia provém 'do alto'? O enigma do *katechon* se repropõe, assim, com toda sua urgência.

II
Império e *katechon*

Poderíamos perguntar-nos: acaso não pertence todo e qualquer poder constituído, efetivo e vigente, à dimensão do *katechon*? Não deve ele dispor de uma energia katekhontica? *Katechein*, mais do que o ato de reter ou refrear, significa conter, compreender em si mesmo. A força katekhontica se apoderou do espaço que agora ocupa e o mantém inflexivelmente em punho, impedindo que qualquer um de seus elementos transgrida a *lyra*, o confim da cidade, que esta traçou, *de-lire*. A imagem mais exata de semelhante força, seu verdadeiro e próprio ícone, pareceria ser, então, o deus mortal hobbesiano, criador de uma paz exclusivamente terrena, em cujo corpo são mantidos todos os *cives*. Mas pode o poder *ter-sido* apenas? Pode existir sem que as energias que contém não *de-formem* continuamente sua figura? Se é deus, será vida – mas, se sua vida é composta da multidão de vidas que são seus cidadãos, ele também dependerá delas. Como *conter* em uno as duas dimensões? O *katechon* deve manter em seu punho-corpo a multidão, mas deve também querer e conservar sua vida. E a vida, se é tal, não poderá ser jamais totalmente pre-dita, ou seu futuro reduzido a um simples *passado*. E isso será tanto menos possível se aquele deus, que sendo mortal, necessariamente devém, terá de transformar a própria figura, alterar a própria 'constituição' e assim chamar os próprios *cives* não ao simples respeito dos confins preestabelecidos, mas a segui-lo em superá-los. Em que sentido, então, obstrui-detém o *katechon*? Certamente, sua essência política não pode reduzir-se a isso.

Qualquer que seja a intepretação que se dê da passagem da 2Ts 2,5-7, sobre a qual, ao menos desde

Schmitt,[4] se empenham exegeses bíblicas, jurídicas e politológicas, com louvável demonstração de erudição,[5] bastante problemático revela-se o caráter políti-

4 | Em *Glossario* (1991; trad. it., Milão, 2001), Schmitt cita uma carta sua a Pierre Linn na qual remonta a 1932 a primeira elaboração de sua teoria do *katechon*, que se desenvolverá em seguida, como já observado e discutido amplamente, nas obras do pós-guerra, todas em busca, pelo Epimeteu cristão, de uma problemática *ex captivitate salus*, e em particular em sua obra-prima *Il nomos della terra* (1950; trad. it., Milão, 1991). Talvez a nota do *Glossario* se refira aos estudos sobre o imperialismo e sobre a política de poder publicados por Schmitt às vésperas da vitória do nacional-socialismo, mas o que conta é que nela o tema se conecta imediatamente a Donoso Cortés e à teologia política da Restauração (*Donoso Cortés interpretato in prospettiva paneuropea*, 1950; trad. it., Milão, 1991). Esses trabalhos, além naturalmente de *Politische Theologie* (1934), constituíram a referência imprescindível do presente ensaio, que, todavia, se afasta radicalmente das posições schmittianas, tanto na reconstrução analítica do problema do *katechon* quanto em sua interpretação filosófico-política general.

5 | Nos grandes Léxicos neotestamentários (Kittel etc.) ou nas contribuições da teologia ao tema da teologia política, parece não existir grandes análises sobre o tema (não creio ver indícios disso, por exemplo, em um autor fundamental para o debate contemporâneo em geral sobre a teologia política como J. B. Metz). O interesse parece provir, mesmo nos historiadores do cristianismo, essencial-

co do *katechon*, que constitui seu objeto. Fortemente proeminente se mostraria aqui sua função de freio; Paulo pôs em alerta a comunidade: a *parusia* do Senhor seguirá o 'triunfo' da apostasia e da anomia, e isso, para que se realize, para chegar ao apocalipse, terá que

mente dos textos schimittianos ou da polêmica Schmitt-Peterson. A reconstrução talvez mais ampla até hoje disponível da história do termo está em F. Grossheutschi, *Carl Schmitt und die Lehre vom Katechon* (Berlim, 1996), do qual depende em grande medida M. Maraviglia, *La penultima guerra. Il katéchon nella dottrina dell'ordine politico di Carl Schmitt*, Milão, 2006. (Trata-se, de todo modo, dos textos que abordam com mais profundidade nosso tema específico; acenos ao problema do *katechon* podem ser encontrados com mais profundidade em todas as monografias dedicadas a Schmitt nos últimos decênios.) Para os textos antigos utilizamos sobretudo a antologia ricamente comentada organizada por G. L. Potestà e M. Rizzi, *L'Anticristo*, Milão, 2005. Algumas obras coletivas recentemente reuniram contribuições importantes sobre o argumento, que serão citadas a seguir; em particular: «Katechonten. Den Untergang aufhalten», em *Tumult*, 25, Berlim-Wien, 2001; *Il «Katéchon» (2Ts 2,6-7) e l'Anticristo*, org. M. Nicoletti, Brescia, 2008-09; *Il dio mortale. Teologie politiche tra antico e contemporaneo*, org. P. Bettiolo e G. Filoramo, Brescia, 2002. Sobre *Antichristos-Antichristoi*, é fundamental o comentário de R. Bultmann às *Lettere di Giovanni* (trad. it., Brescia, 1977).

ser precedido, por sua vez, da destruição do que neste momento o retém (*to katechon*). O mistério da anomia já atua em toda sua energia, já está agindo, mas, no entanto, ainda é necessário que seja afastado aquele que dispõe da força do *katechein* (*ho katechon*). Assim como a força da anomia, a katekhontica é uma força que *encarna*, assume a realidade vivente de pessoas – neste caso também, perfeita inversão do Logos, cujo evento *já* marca a Era, mas cuja *parusia* deve ser aguardada *todavia*. Escusado dizer que o tempo que lhes é concedido, o *espasmo* de tempo que ocupam, para a escatologia paulina, vem de Deus, mas de que modo se deve entender o mandato do *katechon*? Atua *dentro* das energias do Adversário, e não significa nada além do que atrasa o completo desvelamento, o simples fato de que ela está ainda em devir? Ou, ao contrário, realmente se opõe a ela, a contrasta, tenta de alguma maneira impedir seu apocalipse? É possível compreender esse último significado no verbo *katechein*? Parece bastante árduo. E, no entanto, o simples frear também comporta uma oposição, uma construção de diques ao que desejaria dilatar. Mas – eis o ponto – a energia *política* está essencialmente do lado do poder que busca reter-deter ou do lado de quem deseja elevar-se «contra tudo que se chama Deus, ou recebe um culto, chegando a sentar-se pessoalmente no templo de Deus» [2Ts 2,4]? Ou, ainda, trata-se de dois momentos do mesmo processo, ainda que não por isso necessariamente 'aliados'?

O fato de o *katechon* pertencer a um plano providencial é coisa óbvia – a ele pertence todo o tempo que Paulo representa. O «poder da sedução» [2,11] não foi por acaso também enviada por Deus? O problema reside em saber se a força katekhontica expressa um valor *salvífico* ou, ao menos benéfico, como parece entender B. Rigaux;[6] ou se não é o índice 'natural' de um diferimento da completa *apoleia*; ou ainda, ao contrário, um autêntico *quem*, um sujeito capaz de resistir ao avanço prepotente do Adversário; e finalmente se a natureza dessa resistência possui um caráter político ou espiri-

6 | B. Rigaux, *Les Épîtres aux Thessaloniciens*, Paris, 1956, pp. 274 ss.

tual real, ou espiritual-político, que contrasta de fato com o poder deste último.

Quanto ao primeiro aspecto, nada em Paulo autoriza a ver no *katechon* um poder operante para nossa *metanoia* no breve tempo que nos é concedido. E, no entanto, a comunidade *sabe* («*kai nym... oidate*») que o poder deverá ser afastado para que triunfe a anomia. Por conseguinte, o *katechon* pode conceber-se apenas no espírito do *nomos*. E, de fato, o que refreia, protege, custodia, conserva, se não a lei? Não se trata, assim, de simples diferimento. Está em jogo aqui uma vontade nomotética, a consciência de ter que opor um *nómos* à anomia. Pode tratar-se do próprio *Nomos* de Israel? A energia do *katechon* seria, portanto, a do *laos* de Israel, que se opõe à vontade imperial de erguer dentro do templo o próprio simulacro?[7] Somente de uma

7 | Esta é a interpretação de Santo Mazzarino, cuja grande obra *L'impero romano* (1962; Bari-Roma, 2010) resulta, sem dúvida, fundamental também para a história das relações entre o império e o desenvolvimento da teologia política cristã.

perspectiva exclusivamente histórica, referindo-se a Calígula, a explicação poderia convencer, mas desse modo Paulo compartilharia a aceleração dos tempos, que aqui parece combater, terminaria, além disso, com a imediata ou quase assimilação do império no espírito da anomia. Por esses motivos, e por muitos outros que pouco a pouco serão analisados, parece impossível abstrair o *katechon* de todo significado explicitamente político. Quem defende ou impõe a lei não pode não ser também soberania política, por mais claramente distinta de qualquer significado salvífico. E pura anomia, ao contrário, o 'reino' do Adversário, encarnação de Satanás, quando finalmente este se instalar em toda sua plenitude.

Parece claro, mas surgem dúvidas ulteriores. Se o *katechon* se opõe realmente ao Ímpio, por que Paulo lhe direciona uma expressão tão intolerante («só é necessário que seja afastado aquele que ainda o retém!»), em vez de ressaltar seu valor de todo modo anti-idolátrico? Talvez porque também no *katechon* esse valor está totalmente ausente? De que forma de poder político, na verdade, se está falando? E o *nomos* que este funda está de fato em uma dimensão nitidamente separada ou separável daquela da anomia? (Aqui se faz necessário inserir a figura katekhontica no quadro geral da concepção paulina da lei.) E, por último, o reino do filho da perdição coincide com o da anarquia política, ou melhor, o da destruição da própria forma política? Comecemos pela questão que concerne à forma do poder político, considerando que todas, ou quase todas, as interpretações do *katechon* acabaram por identificá-lo com a forma do *império*.

Para definir *imperial*, uma forma de poder deve ser capaz de avançar com eficácia a pretensão de constituir o destino de uma época. É um termo que ressoa no *katechon*. *Epokhé* significa interrupção um *insistir* sobre o mesmo. Época é uma longa duração, da qual todos seus momentos podem, não obstante, ser reconduzidos a uma unidade essencial, cujos traços fundamentais não mudam, cujos eventos nada possuem de ocasional, mas reenviam sempre ao significado do conjunto. Com o termo época se indica, assim, um tempo no qual a história parece quase ter se realizado, na qual o devir parece assumir a marca do ser. Trata-se, portanto, de um sentido do termo exatamente oposto ao da *epokhé* cética. Esta indica protelar, sim, porém na dúvida, até quando não se alcance, procedendo metodicamente à evidência racional – uma suspensão do juízo durante a qual pode amadurecer ou não a resposta. A época, do ponto de vista do império, vale ao contrário pelo caráter oposto: nela, todas as dúvidas e todas as crises aparecem resolvidas. Reina a *segurança* da ordem instaurada. Também histórica-politicamente com o termo época se deseja representar a consumação e a liquidação de toda a *epokhé* cética. A busca, a *skepsis* alcançam nela finalmente a *paz*. Tão logo o império *fale*, tão logo seu *juízo* seja pronunciado, a *epokhé* deve calar; suprime-se toda 'suspensão', e o *discours* (*ratio* e *oratio*) encontra enfim terreno firme sobre o qual construir a própria morada.

O império exige sempre, desse modo, que o pensar e o agir se façam aprofundamento e desenvolvimento do significado atual de época. A época nova não seria sequer representável como tal se nela permanecessem elementos de crise, de descontinuidade. Existe por isso uma 'solidariedade' essencial entre a ideia de império e o pensamento que afirma que não se pode transcender os fatores constitutivos da época – fatores, decerto, compostos de várias maneiras, mas todas peças de um jogo que terá sempre, no fim das contas, como resultado a soma zero. Um pensamento crítico, seja qual for, colocará por sua vez em dúvida que a época é alguma vez de fato *epokhé*, que o contraste entre seus elementos é apenas funcional à vida do todo, ou que nela pode se resolver. À ideia de época, como primado do tudo sobre as partes, que corresponde aquela do império como forma política capaz de «*ad totum ducere partes*», contrapõe-se uma ideia do tempo marcada pela possibilidade sempre aberta da crise, da decisão, do salto.Se a grande forma política do império nasce como *novus ordo* de uma formidável decisão (um tiranicídio é frequente na origem da formação de um império), ela só pode durar *fazendo* época, isto é, lutando para evitar que se *de-cida* uma outra vez. Um tempo 'messiânico' é incompatível com sua ideia de *imperium sine fine* – e todavia, de forma específica, é o elemento essencial de sua origem. A contradição é necessária. E é a mesma que diversas vezes foi evidenciada a propósito de Schmitt: é katekhontica sua ideia de poder político? Mas como, então, dar conta da plenitude que assume para ele, dentro do *nomos*, o sentido do *nehmen*, do gesto que de-cide, que apropria e apenas sucessivamente partilha? Essa tensão, que abstratamente parece contraditória, expressa, na verdade, a *realidade* do império: este não pode não 'reter' na própria época, não pode não deter-frear quem desejaria 'julgá-la', mas, ao mesmo tempo, é sempre chamado a *pro-duzir*, a conduzir *mais além*, isto é, a transformar continuamente a própria estrutura e os próprios confins.[8]

8 | É o que Kojève censura ao *nomos* schmittiano, onde a dimensão distributiva prevaleceria sobre a apropriadora. Mas a crítica é pertinente somente para o conceito do *katechon*. A correspondência entre Kojève e Schmitt (1955-60), editada em *Schmittiana* (org. P. Tommissen, Berlim, 1988), demonstra a afinidade profunda entre os dois no que concerne ao destino da *Entpolitiesierung*, mas uma

A energia katekhontica, de per si, é essencialmente *executivo-administrativa*, produz segurança – mas uma segurança de fato impotente ante o propagar da anomia. O império é concebível, por sua vez, somente como energia que em si contém *para crescer*, que em si detém toda decisão, mas para aumentar irrefreavelmente o próprio domínio. O império não pode que exigir *auctoritas* da *augeo*: sua *civitas* é *augescens*, ou não é. Esta contém em si o próprio *katechon*, mas como um 'ministério' a serviço de sua mais autêntica missão: a universalização do próprio domínio, fazer do mundo seu próprio 'sistema'. Impõe-se, aqui também, a figura do centauro! Fazer época, para o impé-

igualmente profunda diferença entre suas 'filosofias da história': à *prognosis* hegeliana que a história tenha chegado ao fim. Schmitt opõe seu «le cercle n'est pas encore parcouru», não se dá ainda 'planificação global' e tampouco 'Estado Mundial'; o crucial momento atual do tempo deve ser visto na verdade como trânsito ao confronto amigo-inimigo entre novos *magni homines* (Estados como super-homens). Para compreender o contexto da posição de Kojève, é indispensável a referência a seu ensaio de 1942, *La nozione di autorità* (trad. it., Milão, 2011).

rio, não pode equivaler a exercício do poder que freia, posto que sua ideia de poder é, ao contrário, pro-dutiva. No entanto, é ao interno de seu próprio 'corpo' que o novo deve se produzir. É o *idêntico* 'corpo próprio' de sua soberania que se conserva transformando-se. Toda *novitas* deve estar contida nele *a priori*. E nesses termos o império aparece *também* como energia katekhontica: no sentido que contém em si as próprias metamorfoses. É o sempre igual a si Proteu. Eis aqui, então, a diferença essencial em relação ao tempo messiânico: este é propriamente *catastrófico*, impõe uma mudança radical de cena. Mas pode impô-lo porque a transformação se deve pelo irromper do transcendente no horizonte da história. O império, ao contrário, inova-se, reproduz-se inovando-se; e as formas dessa inovação devem ser inscritas em seu *nomos*, válidas *erga omnes*.

Segundo essa perspectiva, a forma política do império não poderá jamais se confundir com a do *katechon*. Todavia, isso responde por que, desde os primórdios até Cassiodoro, Jerônimo e sucessivamente, tanta exegese tenha visto no *katechon* precisamente o império. A energia que freia, a que abraça e compreende em si as pulsões da multidão, permanece de fato essencial a sua constituição. O império é conservação e produção ao mesmo tempo. Nenhuma lei, nenhum direito *positivo* poderão jamais deter sua *libido dominandi*, mas tal libido se transformaria em anarquia autodestrutiva, se não lograsse também conter a si mesma. A energia katekhontica se dirige tanto ao externo, ao 'público', quanto ao interno do poder, a seus *arcana*. Um império 'desencadeado', de fato, se converte em instrumento imediato do Anticristo ou até mesmo em nada mais que uma de suas *personae*. O papel que desempenha a figura de Nero em tantas *fabulae* apocalípticas demonstra isso. Ele não apenas é representado como *figura futuri* do Anticristo na histórica perseguição que atinge os santos Pedro e Paulo, mas imagina-se que ele tenha voltado, e no mesmo aspecto de um tempo, ao fim do *saeculum*. A tradição porém resiste a identificá-lo *tout court* com o Adversário. Também Nero é, de fato, imperador! Por isso resulta interessante a história relatada por Comodiano em *Carmen apologeticum* (testemunho, talvez, das grandes perseguições que atinge a cristandade na segunda metade do século III). O próprio império de Nero será eliminado, *afastado*, pela invasão de outro rei, segunda e mais potente figura do Anticristo, ou o próprio Anticristo, que à frente de quatro povos, «*qui nesciant ulli dollore*», incapazes de piedade, entregará a Urbe às chamas até não restar nenhum rastro dela. «*Luget in aeternum quae se iactabat aeterna*». Nero conduz Roma à ruína. Mas a ruína de Roma é obra de um 'segundo' Anticristo, e esta prefigura somente a apoleia universal, que esse último realizará a seu tempo («*stat tempus in finem fumante Roma maturum*»). Sempre árduo resulta assimilar o imperador *romano* à figura perfeita da anomia e da *apoleia*. Até mesmo Nero *redivivus* aparece, de alguma maneira, *katechon* em relação ao Adversário final, vencedor da própria Roma.

Mas seria possível uma forma política do *katechon* em si? Em abstrato, certamente sim, mas não seria imperial. Careceria de *auctoritas*. E faltando-lhe *auctoritas* como poderia se iludir de conter, deter, frear a anomia? E se o *katechon* expressasse, ao contrário, uma qualidade política própria, específica? Se quisesse fazer-se valer como força de conservação exclusiva? Nesse caso esta iria se opor, em primeiro lugar, não à anomia, mas ao império. A dimensão katekhontica, que antes havíamos considerado funcional ao poder, *se cindiria* dele, tentando constituir-se autonomamente. Seu pensamento iria se tornar o de uma forma política burocrático-administrativa, fundada exclusivamente em critérios de eficiência, economia de meios e racionalidade dos fins. Tal forma tornaria evidente a renúncia a qualquer vontade de fazer época. Mas como poderia um *katechon*, expressão de tal renúncia, *valer* em relação ao Adversário? A presença de uma alma 'conservadora' dentro do sistema império acaba por minar nas raízes também sua capacidade de resistência, aparecendo assim como 'cúmplice' da própria anomia. Quanto mais o império parecer fragilmente katekhontico, menos saberá opor-se ao ataque do Adversário.

Temos, portanto, que falar do império, que tem o *katechon* como próprio momento e instrumento, para entender o sujeito que misteriosamente atrasaria a chegada do Ímpio? Somente se pudéssemos opor radicalmente seu *nomos* à anomia destrutiva que já «*energeitai*». Mas a dúvida irrompe, não apenas pelas razões que aparecem do contexto escriturário e das próprias leituras dos Padres: o império é por acaso pacífico? Ou não promove, ao contrário, uma guerra com os próprios santos? Seu 'universal' poder terreno não é representado pela quarta besta da visão de Daniel, que tudo devora, pisoteia, esmaga? A fera que desponta da terra, e que está a serviço daquela outra, antes surgida do mar, cujo antigo *Drakon* lhe dera todo seu poder e seu trono [Ap 13], capaz agora de seduzir, através de grandes prodígios, «*semeia megala*», a inteira ecúmena, é realmente distinguível da imagem do império? Ou é pensável, simulando que seja, como ocorre em tantas exegeses dos Padres por motivos táticos, com o objetivo de evitar a aberta ira de Roma?

Todavia o problema do *katechon*, antes de ser enquadrado à luz dessas questões, precisa ser considerado como um aspecto do mais amplo e geral problema do sentido da lei. Nenhuma espera da *parusia*, nenhuma iminência do fim podem justificar sua eliminação. Nem como Lei-Palavra divina, em sua dimensão com efeito salvífica – aquela que no Primeiro Pacto foi proclamada para sempre. Nem na história-política, da qual é impossível 'desencarnar-se' – pelo contrário, é pecado o simples desejá-lo. Mas a lei do império não pode ser interpretada, como vimos, em um sentido essencialmente katekhontico. Continua, ainda sim, sendo justificável? E, além disso, sua pretensão de contar contra o império da anomia pode verdadeiramente ter fundamento, tão logo lhe indaguem suas aporias intrínsecas? O império que possui em si o *katechon* deve, por necessidade intrínseca, *fazer*-época, mas precisamente a causa dessa presença jamais poderia de fato lograr esse intento. A 'provisoriedade' da ação katekhontica lho impede. Vice-versa, se o *katechon* 'cinde' da unidade do império, nada do poder deste parece opor-se ao desbordar do Ímpio – e muito menos poderia fazê-lo uma forma autônoma de governo katekhontico, cuja energia iria se exaurir sufocada entre a anomia e o domínio imperial, do mesmo modo que se apresenta como o destino de toda política meramente conservadora. Mas a lei do império não é, decerto, aquela que nem mesmo uma vírgula pode passar, não é a lei 'santa'. É a lei que 'custodia' o pecado, que o 'coloca em segurança' – e que por isso ao mesmo tempo o perpetua. Em sua imanência autárquica, ela não pode ultrapassar o espírito que 'de baixo', da terra e do mar, irrompe. O próprio império, por sua vez, não podendo ficar sem lutas e guerras, encontra-se sempre em relação com a violência imanente em tal espírito. A energia katekhontica parece, por isso, afastar-se *por si mesma*. Mas esse juízo não teria como consequência imediata uma atitude anárquica, ou niilista, diante da lei política? E tal atitude é compatível com a visão paulina?

Também a figura do *katechon*, admitindo seu caráter político, deve ser lida dentro da ótica da doutrina de Rm 13. Em total acordo com a tradição bíblica, aqui o poder, o exercício da soberania, sua 'violência' mostram-se legítimos enquanto são simplesmente necessários. A história foi julgada, o tempo do fim chegou, mas o *vulnus* da natureza humana continua operando. Por mais radical que soe a relativização de qualquer poder mundano,[9] por mais que valha apenas pela dura-

9 | O olhar de Paulo sobre o império romano não pode por isso ser definido simplesmente como niilista, como expressão de um desinteresse soberano com respeito aos poderes que pretenderiam ter tempo, durar. Trata-se de uma leitura marcionita da teologia política paulina, a de Taubes (*La teologia politica di san Paolo*, 1993; trad. it., Milão, 1997), histórica e filologicamente insustentável (veja-se os mais atualizados comentários a Romanos, como o de A. Pizza, Milão, 2001, ou, em *Il dio mortale*, cit., o ensaio de G. Gaeta, *Teologia e politica in Paolo a proposito dell'esegesi di Romani 13.* Fundamental, a meu ver, permanece o ensaio de M. Pesce, «Marginalità e sottomisione. La concezione escatológica del potere politico in Paolo», in P. Prodi e L. Sartori (orgs.), *Cristianesimo e potere.* Bolonha, 1986). O diálogo entre Taubes e Schmitt é, desse ponto de vista, a descrição de uma absoluta divergência (J. Taubes, *In divergente acordo. Scritti su Carl Schmitt*, 1987; trad. it., Macerata, 1996). Taubes reduz o *katechon* a mero signo da adaptação da experiência cristã ao mundo e a seus poderes. Uma lúcida crítica a Taubes é desenvolvida por R. Panattoni, *Appartenenza ed eschaton*, Nápoles, 2001, onde se in-

ção desta vida, ela é *comandada* pela imagem do homem que tragicamente é esculpida em Rm 7,14-25. Eu já não me encontrar *escravo* do pecado não significa absolutamente que eu esteja *livre* dele; agora *sei* que o bem não vive em mim, e no ápice da angústia («Infeliz de mim!») reconheço que querer o bem está a meu alcance, «não porém praticá-lo». Entre querer o bem e realizá-lo abre-se um abismo que somente o Espírito que faz clamar «*Abba*! Pai!» [8,15] pode superar. Herdeiro de Deus e co-herdeiro de Cristo é realmente só aquele que se torna capaz desse 'forte grito' – mas na espera do *apocalipse dos filhos* as forças que vigiam, castigam, freiam são as expressões necessárias da *ira Dei*. Não dom de Deus, mas *por* Deus por nossos pecados. Estes são reclamados pelo fato desnudo de nossa *natura vulnerata* – 'compreendem-na', em todos os sentidos do termo, não podem nem preveni-la, nem curá-la. E compreendendo-a a mantêm *em si*. Existem porque existe o pecado, e

terpreta também de modo original a ideia, a qual retornaremos, do *katechon* como tempo da ***stasis*** entre sinagoga e *ekklesia*.

vice-versa. Mantêm-se reciprocamente no espasmo de tempo à espera do Juízo. Por essa razão, o discurso sobre a instituição divina da autoridade civil está contraído em *Romanos* no grandioso hino ao *mandatum novum*, que resume em si todos: «Amarás teu próximo como a ti mesmo». Qualquer lei se resolve e se supera nisso, que a tudo abre e nada nega. Qualquer paz é apenas pacto ocasional, armistício, ante o «vence o mal com o bem» [12,21]. Isso *libera* – da obrigação de odiar o inimigo, de vingar-se da ofensa, de opor-se ao mal com o mal, de levar em juízo. E no entanto, *no tempo do fim*, que é tempo ainda, autoridades, ministros, funcionários são desejados por Deus («*per me reges regnant*», Pr 8,15), mas o são como os Reis do Primeiro Pacto, por causa de nossos pecados (e marcados pelo pecado, mesmo os maiores e mais sábios entre eles).[10] Vinculados ao pe-

10 | Por isso, não basta afirmar, como Schmitt (*Dialogo sul potere*, 1954; tad. it., Milão, 2012, pp. 32-3), que «somente a vontade de poder é má», mas o poder «permanece em sua essência bom e divino». É de fato um espírito mau do Senhor que se apodera de Saul (1Sm 16,14)!

cado império e soberano político, um abismo os separa de sê-lo da redenção. Que época eles poderiam querer fundar? Seriam então figuras katekhonticas simples e caducas? Mentem por adulação aqueles que prometem eternidade aos impérios; mente Virgílio (que talvez soubesse estar mentindo, visto que coloca na boca de Júpiter a promessa de eternidade para Roma: Agostinho, sermão 105) – quão imensa mentira será sustentar a 'fundamentação' de tais figuras! Por sua vez, como já se viu, a 'pessoa' do *katechon* não poderia, de *per si*, nem mesmo limitar-se com eficácia a sua ação 'contendora'. Somente como vontade de poder imperial, somente como plena *libido dominandi*, poderá ela manter 'em forma' o espírito da anomia que se vai alastrando. Mas, se assim é, sua ação acabará necessariamente excedendo os limites que Paulo lhe atribui. E se fosse revelado que esta contrasta *por princípio* ao significado que o cristão é obrigado a atribuir à função das *exousiai* das *potestates* político-civis, dele só poderia nascer um conflito irremediável.

III
Épocas e era

É possível reduzir o poder imperial a uma dimensão katekhontica, sem que se perca sua vontade de fazer época? É possível relativizá-lo e contê-lo nos limites do 'dar a César' (veremos logo que valor deve ser atribuído à expressão) sem que esse esgote sua própria energia? É possível, enfim, no caso de responder afirmativamente a essas perguntas, estabelecer um vínculo profundo entre dimensão política e escatologia? Essas indagações já pressupõem que nos armemos de paciência na espera. Se soubéssemos que *hora* é o dia do Senhor não haveria sentido algum, de fato, a obediência a qualquer poder terreno. Mas, ao mesmo tempo, nenhum 'deus mortal' é admissível, nenhum poder que pretenda ocultar que *este* é o tempo do fim. Neste *tempo* é necessário o exercício do poder político. Sua autoridade é por isso providencial. Mas apenas na medida em *que seja por sua morte*. O poder tem que *valer* – não pode por isso limitar-se a administração ou 'polícia' – e para valer não pode não querer fazer-época, mas a época que o poder marca é a mesma de sua própria morte. Somente essa consciência de si lhe consente assumir um caráter escatológico. Tentemos compreender de que maneira pode dispor-se esse aparente emaranhado de contradições.

A vocação universalista do poder imperial, considerado 'ícone' da soberania, exige que o tempo seja compreendido à luz de valores, conteúdos, formas de vida que *estão*. Se a unidade da época se despedaça, ressente-se também a unidade espacial do império. A crise dos tempos é acompanhada pela divisão e pela contraposição dos lugares. Temporalidades diferentes pertencem a diferentes espaços, e vice-versa. Assim sucede quando se dissolve a *respublica christiana* entre o século XII e XII, quando se tornaram inconciliáveis os 'tempos' das liberdades comunais, das novas formações estatais, das velhas ordens feudais, para que a própria ideia de império (*Sacro Romano Impero*) pudesse sustentar-se. Nenhum desses diferentes poderes reconhecia ao império a capacidade de fazer época. Estavam dispostos a reconhecer exclusivamente uma autoridade katekhontica frágil, como fator de segurança em última instância, como garantidor dos pactos autonomamente estipulados (ideia completamente oposta àquela para qual no século XI a chancelaria dos Hohenstaufen falava de *Sacrum Imperium*). A ideia do caráter sacro (do rei como um 'ungido', igual ao sacerdote) foi mantida ainda por muito tempo, mas somente o mínimo necessário para evitar seu colapso.[11] O que as novas potências jamais teriam aceitado era que *nulla sallus* pudesse ocorrer fora da unidade do império. O pensamento moderno, delas herdeiro

11 | Ver H. Münkler, *Imperi* (2005; trad. it., Bolonha, 2008, p. 137).

e 'cúmplice', conduziu desse ponto de vista uma batalha decisiva contra a ideia de império, considerando-a um sistema abstrato, sem a força que constitui a essência de um Estado. Uma batalha, ao menos até hoje, vitoriosa.[12]

A mesma posição não deve, porém, ser adotada por aqueles que concebem o sistema político à luz da escatologia paulina? Estes podem reconhecer legítima a instância do poder político de fazer época somente se ela se deixa voltar a ser compreendida à luz do Evo. Todo poder terreno, toda sua lei desejam e devem *estar*, suspender de alguma maneira o fluxo das formas de vida. Mas este estar deve, paradoxalmente, ser reduzido a *momento*. E todos os *momentos* devem ser sub-

12 | Sobre a crítica do pensamento liberal à ideia de império (que acompanha o desenvolvimento da filosofia política hegeliana do juvenil *La costituzione della Germania* até *Lezioni sulla filosofia della storia*), ver P. Catalano, «Alcuni sviluppi del concetto giuridico di 'imperium populi romani'», in *Popoli e spazio romano tra diritto e profezia*. Napóles, 1986; «Impero: un concetto dimenticato del diritto pubblico», in C. Alzati (org.), *Cristianità ed Europa. Miscellanea di studi in onore di L. Prosdocimi*. Roma-Freiburg-Wien, 2000.

sumidos na Hora da Era última, do tempo do fim, marcado para sempre pelo apocalipse do Logos. Era é *Aion*, eternidade, Vida eterna, revelação do eterno no tempo - e o lugar onde tal revelação se representa é, por necessidade, superior àqueles onde nos empenhamos com afinco para conter as energias katekhonticas do devir. Reside aqui uma diferença de princípio: enquanto a autoridade que representa o sentido último da Era o *re-presenta* em si, sobretudo no culto que a autoridade oficia e cujo monopólio possui (ou melhor, é *análoga* a esse sentido que nela *se faz presente*),[13] a *exousia* terrena constrói por si mesma a ideia da época e representa essa ideia. A época é uma representação sua; de certo modo sua primeira e essencial *produção* é sua própria *Weltanschauung*.

13 | Sobre o problema teológico-político-jurídico da 'representação', autêntica *summa* é H. Hofmann, *Rappresentanza-rappresentazione: parola e concetto dall'antichità all'Ottocento* (1974; trad. it., Milão, 2007), texto no qual na Itália chamou a atenção com particular força G. Duso em *La rappresentanza poltica. Genesi e crisi del concetto*, Milão, 2003.

Segundo a 'medida' da Era, por sua vez, a época pode ser apenas sua imagem, sempre a transformar-se em mero *eidolon*, e nenhuma autarquia lhe pode ser reconhecida. Nosso destino, nossa destinação são legíveis apenas nos sinais da Era, profética-escatologicamente. Em outras palavras, na época só se expressam *valores*, isto é, avaliações, pontos de vista, ideologias. Na Era, ao contrário, é o próprio eterno que se revela. Toda época é assim *pre*-julgada na Era, que a compreende e a 'supera'. A mesma relação, analogamente, terá, portanto, que subsistir entre os poderes que encarnam as duas concepções do tempo. O poder que faz-época não poderá jamais ter a pretensão de representar a Era, pela verdade do fato que assim não é, ou seja, pela evidência do surgimento e da destruição de todos os impérios, já profetizada em *Daniel*,[14] mas também pela verdade 'de direito' que a Era *se* manifesta, e não é representada

14 | Sobre o significado da sucessão dos impérios na profecia de Daniel, ver A. Momigliano, *Storia e storiografia antica*, Bolonha, 1987, pp. 47 ss.; mas, no mesmo volume, fundamental para este ensaio, ver também «Il cristianesimo e il declino dell'impero».

a não ser por si mesma. É lícito para o império 'aproximar-se' o quanto possível da verdadeira imagem da Era, mas, precisamente por isso, deverá convencer-se com mais forçada superioridade da *auctoritas* metapolítica (não anti-, nem a-política) que realmente atua como memória e guardiã, ao longo das épocas e de seus impérios, da *hora novíssima* que concluirá a dolorosa odisseia de todos. Entre época e Era dá-se assim relação e conflito, *polemos*. Quem representa a época tenderá necessariamente a 'confundi-la' com a Era, ou a fingi-la Era, enquanto quem crê resolutamente que na Terra está seu sinal autêntico será sempre inclinado ou a negar qualquer verdade aos valores da época, ou, de todo modo, a subordiná-los a si, a organizá-los em relação a si. Podem ocorrer, nesse *polemos*, os mais variados compromissos, assim como os mais cruentos conflitos, mas uma síntese poderá ocorrer apenas aparentemente, ou coincidir com o desmoronamento de qualquer significado atribuível à Era, quando a experiência do tempo se contraia da época e de suas 'visões do mundo', e a pergunta sobre o último cesse de interrogar e inquietar. O fim do conflito será, assim, apenas o crepúsculo de quem nele era sinal de contradição, de quem, em sua própria existência, pretendia exprimir uma *reserva escatológica* sobre todos os poderes da época.

No entanto, o nexo que une época e Era parece não permitir a sobrevivência de apenas um dos duelistas. Isso se reflete também no realismo da concepção paulina do poder terreno. Se o império não almeja converter-se em algo *mais* que época, cessará também de funcionar com eficácia como *defensor pacis* – se o poder espiritual se crê agora livre de qualquer autoridade mundana, cai no pecado da impaciência, pretendendo antecipar o Juízo. O fim do conflito, pela queda de uma das partes, só manifestará essa *impotência do vencedor*, que constitui um dos temas mais profundos e menos compreendidos da filosofia da história de Hegel. Assim, no destino europeu, deu-se que o ocaso do 'guardião' da Era tenha sido acompanhado pelo do poder imperial, *epokhé-machende*. Com a ideia de Era caiu também a de uma forma de poder capaz de realmente estar. «*Ubi sunt principes gentium?... Exterminati sunt*» [Br 4,16-

19]. A Igreja, de fato, não se opunha ao império do ponto de vista dos novos poderes estatais, mas somente porque o *amor*, que animava o ímpeto destas, recusava organizar-se em relação à Era. *Episkopos* 'daqueles que estão fora' deveria limitar-se a ser o soberano, mas no sentido estrito de 'vigiar e punir' e de dar atenção às *necessitates saeculi*. Paradoxalmente, porém, justamente para organizar-se desse modo, o império *devia* cada vez mais intervir (como já havia feito Constantino) na controvérsia dogmática, e assim acabava competindo com a autoridade da Igreja. Para orientar-se com o sol da Era, o império não podia tolerar uma representação de si simplesmente katekhontica. E, todavia, mantinha, no próprio desejar-se 'sacro', um vínculo insolúvel de amizade-inimizade com a Igreja. A catástrofe dá-se quando surge um poder que não apenas se define por princípio *autônomo* em relação a todo valor propriamente espiritual, mas também não o suporta acima de si, mais ainda: que não consegue nem mesmo escutar e compreender suas razões. Paradoxalmente a Igreja sempre tentou usar um poder katekhontico dotado de autoridade espiritual. Madeira de ferro – ou um heroico centauro. Fracassada essa ideia, só resta a forma mortal dessacralizada do Estado. O crepúsculo da época do império dá-se na *tékhne politiké* da duração, que exaure em si a pergunta escatológica no infinito vazio do devir. Um Estado pode apenas *fingir* fazer época, assim como um Reich nacionalista ser império. Todavia, o império só é concebível na diferença (o contrário de *in-diferença*!) com a ordem escatológica da qual a autoridade espiritual é memória vivente. Esta se torna mera *predicação*, no momento em que diante de si indiferentes poderes katekhonticos, e não mais impérios, em luta entre si na busca, talvez sempre desesperada, de fazer com que a própria época assuma o símbolo da Era.

IV
Quis est katechon?

Esse complexo de relações desperta um turbilhão de questões teológico-políticas que continuam a moldar, sem que tenhamos consciência disso, nossas ideias em relação ao poder, à soberania, à relação entre autoridade política e religiosa, mundana e espiritual. Questões que a 'secularização', como precisamente dissolução de qualquer ideia de época, mais do que resolver ou superar, esconde em si.

Vimos a contradição fundamental que mina a figura do *katechon*: se essa deve *valer*, se fará ou será inevitavelmente propensa a fazer-se império, e necessariamente este entrará em competição com outras autoridades pela representação da Era. Mas como sua *potestas* poderia de outro modo reter, deter, frear a anomia? E, por sua vez, não é talvez sinal da anomia por excelência o próprio fato de pretender representar no tempo época o sentido último da Era? De sua parte, visto que afirma conhecer, ou aguardar com certa esperança, o fim, a Igreja pode declarar ser o 'lugar' onde aquela *se* representa, e nunca poderá aceitar que outro poder expresse instância análoga. Sobre o *eschaton* qualquer império deveria deixar, por fim, a palavra a quem é peregrino, ao *civis futurus*, à comunidade, que nesta terra se eleva a verdadeira imagem da *politeia en ouranois*, da cidadania celeste. Somente essa é a cidade santa, somente essa riqueza foi prometida pelo Senhor, somente para ela direciona-se a esperança, cujo 'ovo' está guardado no coração do devoto (Agostinho, salmo 105).

Mas como poderia o *civis futurus* não postular também a exigência de haver voz em todos os âmbitos da vida civil, posto que o sentido último da história se torna plenamente compreensível apenas à luz do *eschaton*? Assimetria evidente e impossível de suprimir, intolerável para um poder imperial. E, também, para um poder meramente katekhontico? Este talvez pudesse 'aguentar' indiferente a predicação da autoridade espiritual, mas ao custo da impotência incluindo fingir uma *auctoritas* qualquer, e demostrando assim, cada dia mais, uma substancial ineficiência no exercício do próprio *officium*: o de fazer dique à anomia.

De fato, como é possível se opor à propagação da anomia, em um contexto apocalíptico, quando se permanece indiferente ao sentido do *eschaton*? Essa oposição terá apenas o timbre de querer durar autarquicamente. Vontade de sobrevivência, não de contraste do Adversário. Ou talvez até mesmo sinal de cumplicidade oculta com ele? Mas se, como parece, o *katechon* deseja de fato fazer época, assumindo assim uma fisionomia de certa maneira imperial, terá que frear, deter, *conter* em primeiro lugar quem contesta ou nega, nos fatos, a *autonomia*, o poder de constituir a lei por si mesmo, que caracteriza o império. E isso implica oposição à comunidade escatológica. De que maneira, então, poderá exercer de maneira produtiva-construtiva a própria obra, se, ao menos sob esse aspecto, o *katechon* se encontra do lado do Adversário, ou seja, da parte do espírito da *apoleia*, da destruição? Quer, então, se constrinja em uma dimensão funcional-instrumental, quer se desenvolva em formas imperiais, o poder katekhontico parece arriscar-se nos confins, ou entrar mesmo no domínio, na *timé*, do Ímpio. Se esse é o resultado, a anomia deste deixa de parecer apenas ausência de todo *nomos*. A última potência que avança antes do Juízo é tal em todos os sentidos. De fato, nele existe quem comanda, existe hierarquia, existem organizações e cultos. A catástrofe final não se anuncia com o *chaos* anárquico, não possui a face selvagem do guarda florestal de *Nos penhascos de mármore* de Jünger, mas através da metamorfose da forma de império *in-audito* que 'supervence' tanto a figura do *katechon* como a da *auctoritas* terrena, e entra em competição com a Igreja pela hegemonia espiritual.

Todavia, antes que se possa fazer essa última pergunta, é necessário captar mais de perto os traços katekhonticos que podem ser 'retidos' pelo império, e em seguida interrogar-se sobre a relação, ou sobre o compromisso, que a própria autoridade espiritual poderia tentar estabelecer com eles.

Quid ou quis est katechon?[15] O contexto do discurso paulino (tanto na pseudoepigrafia Segunda epístola aos tessalonicenses quanto na Primeira) é o escatológico de Mt 23-24 (e de seus paralelos em Marcos e Lucas), da Primeira epístola de João, do Apocalipse, e também, na literatura cristã mais antiga, do Didaquê, 16,1-7). O Adversário, que se mostra como Deus e deseja ser venerado como único Deus, que luta contra Deus no mesmo terreno do mais rigoroso monoteísmo («ele abaterá os ídolos para persuadi-los de que ele mesmo é Deus», Irineu, *Adversus Haereses*, v, 25,1; Irineu também

15 | Para a explicação do termo, e da alternância entre gênero masculino e neutro, ver P. Metzger, «Il 'Katéchon'. Una fondazione esegetica», in *Il «Katéchon» (2Ts 2, 6-7) e l'Anticristo*, op. cit.

é o primeiro a citar a Segunda epístola aos tessalonicenses) – e que por isso não pode ser confundido com nenhuma forma de nostalgia 'reacionária' politeísta ou pagã –, será vencido apenas pelo sopro do Senhor, do Espírito. A energia do Adversário é assim mais potente do que qualquer força katekhontica, e irá se render apenas ante a *parusia* do *Kyrios*, o Senhor Jesus. Antes de mais nada, é fundamental compreender a novidade representada pela figura do filho da perdição. Ela é completamente partícipe da *novitas* da encarnação do Logos e da Era inaugurada por esta. O Enganador do mundo apresenta-se como filho de Deus (Didaquê, 16,4). Sua energia se exprime no *se-duzir* da fé no Senhor Jesus: sua apostasia não é *discessio* ou *secessio* genericamente a respeito de Deus, não há nada a fazer com qualquer forma de 'ateísmo'; ela possui apenas um alvo: demolir a fé que Jesus seja o Cristo. O filho da perdição é Anticristo, e por isso é concebível apenas dentro da Era cristã. Não é possível opor-se ao Cristo, ser seu *Antikeimenos*, através do poder dos antigos ídolos. *Um* filho há de opor-se ao filho. *Um* espírito da *apoleia* o da salvação, da *soteria*. O que se interpõe a esse *duellum* apocalíptico será esmagado, tudo que é 'morno' vomitado. Tudo é impotente diante do poder do *Antikeimenos*, cuja impotência em relação ao Senhor se revelará somente no último momento.

Assim, não há dúvida, o *katechon* será eliminado, mas, eliminado pelo Ídolo Uno, 'anti-idolátrico' em confronto com toda forma precedente de idolatria, pelo fato de que esses o sentiram realmente como um verdadeiro obstáculo? Ou eliminado das preces de quem anseia com decidida esperança ao *pneuma* da boca do Senhor? No primeiro caso, pode-se pensar em um 'compromisso' entre quem pacienta na fé e o *katechon*; no segundo, ao contrário, até mesmo uma 'perspectiva' comum entre o cristianismo e o *Antikeimenos*, desejosos ambos de acelerar a eliminação do poder que freia. O juízo sobre a natureza do *katechon* é destinado a mudar radicalmente a segunda resposta.

É óbvio que o poder do *katechon* é de toda forma *a priori* inscrito no abismo da vontade divina. Isso vale também pela força de Satanás, que é mandado por Deus para que sejam condenados aqueles que não acolhem o amor da verdade, *agape tes aletheias*. Assim, nem o *katechon* nem o Adversário possuem o poder efetivo de atrasar ou acelerar a *parusia*. O Dia chegará como um ladrão de noite, e nem mesmo o filho sabe a hora [Mt 24,36-43; 1Ts 5,2; Ap 16,15]. Está escrito apenas que, *antes*, é necessário que se cumpra o apocalipse completo da apostasia, e é precisamente por isso que o drama é real. O tempo breve, o tempo prejulgado que se escancara diante de nós, não é já determinado na configuração que acabará por tomar. Em sua cena agem *proto-agonistas*, não fantoches. Estes desempenham sua 'missão' sem poder saber o término. O que é evidente e modificável é apenas o sentido dessas mesmas 'missões'. A história é sua manifestação e seu fazer-se verdade, fazer-se real – mas é história, *agon* autêntico, conflito entre desejo de poder encarnado em sujeitos reais. Assim também a força katekhontica é *subjetividade* contendora que freia. E subjetividade tão vital quanto a do *Antikeimenos*. Este só existe na *vida* daqueles que operam como *anticristos*, segundo a expressão de 1Jo 2,18-23, cuja dramaticidade supera largamente a do *Antikeimenos* paulino (e ainda mais, obviamente, a dos *antikeimenoi* de 1Cor 16,9, onde se refere apenas àqueles que se opõem ao apóstolo dos gentios. O Anticristo forma uma *comunidade* à imagem invertida da *ekklesia*. Há um *corpo*, formado por aqueles que, caídos no engano, agem como anticristos. Na Hora, a energia dessa comunidade se torna irrefreável. Esta, como confirmação de seu pleno pertencimento a esta Era, é constituída também por muitos que «saíram de entre nós» [1Jo 2,19], ainda que, pela natureza deles, não eram 'de nós'. Expressão que só pode ser interpretada da seguinte forma: o Anticristo mostra todo seu poder precisamente no *dividir* (*diabolos*) a Igreja, arrancando-lhe todos que não pertencem a sua *gratia*. Mas Agostinho prossegue, com ênfase ainda mais forte, em seu *Tratado* sobre a epístola joanina: muitos anticristos se são revelados e saíram de nossa Igreja, mas muitos ainda nela permanecem, «*multi intus sunt, non exierunt, sed tamen antichristi sunt*», e todos devem interrogar-se se não fazem parte deles.

Não poderiam 'aqueles que permanecem' ser incluídos nas fileiras dos poderes katekhonticos? O *katechon* também, na verdade, deve ser compreendido como plural - e assim, até aqui, fizemos. Mas não apenas como pluralidade político-civil. Os anticristos que permanecem na Igreja exercem obviamente uma função de contenção e de freio; eles atrasam o dia no qual se dará a batalha final. Por qual motivo não teriam eles também 'saído', a não ser pela vontade de postergar a chegada do *pleroma* do poder do Ímpio? Existe, assim, a possibilidade de uma dimensão katekhontica interna ao próprio corpo 'em devir' do Anticristo, mas 'protegida' na Igreja? A contradição no seio da *ekklesia* é, ao mesmo tempo, conflito nas fileiras do Anticristo? Quando se lê à luz da figura do *katechon*, a dramática página agostiniana adquire ainda maior força.

Quanto mais se indaga, mais complexo e problemático aparece esse protagonista do conflito escatológico. Vimos quão árduo é assimilá-lo ao império. Se a quarta besta de Daniel é interpretada como imagem dos próprios romanos, é evidente que em nada o poder de Roma poderia frear o ímpeto do Adversário, como, ao contrário, contraditoriamente, o próprio Hipólito sustenta.[16]

Se, ao contrário, de Roma exalta-se a força da lei e do direito – ainda que injustamente empregadas contra os cristãos –, e assim tenta-se reduzi-la a *katechon* (como parece ser, substancialmente, a posição de Tertuliano, também em função antimarcionista), seu poder não é definível como autenticamente imperial. A visão de Rm 13 parece referir-se ao problema geral da necessidade do poder político, e não a esta ou àquela forma – e é de todo modo claro que também Paulo tem em mente uma autoridade eminentemente burocrático-administrativa, com a qual o cristão pode e deve viver em paz (como com o inimigo!). O fato de pensar sobre o fundamento de Romanos (ou, creio, de qualquer outro texto do cristianismo antigo, até o século IV), em uma santidade da

16 | Sobre o tema katekhontico entre Irineu e Hipólito, ver M. Rizzi, «Storia di un inganno (ermeneutico): Il 'Katéchon' e l'Anticristo nelle interpretazioni del II E III secolo della Il 'Seconda letttera ai Tessalonicesi'», in *Il «Katéchon» (2Ts 2, 6-7) e l'Anticristo*, op. cit.

autoridade política, é o *monstruum* da teologia da Restauração.[17] Para os Padres da Igreja, *diakonia*, *servitium* são considerados essencialmente no horizonte de uma 'jurisdização' do Político. E da *neutralização* de sua *auctoritas*. O imperador, no fim, é reduzido à figura daquele que rege, do simples *rex*, «*servus servorum Dei*».

17 | Para o «meridiano» extremo, pode-se 'logicamente' chegar a tal concepção do poder, ver a *Lettera al cardinale Fornari sugli errori del nostro tempo* (1852), de Donoso Cortés, e *Del Papa* (1819) de De Maistre.

V
Excursus: 'Dai a César...'

Que o problema da relação com o poder político possa resolver-se simplesmente colocando em evidência a *diferença*, como fazia a velha teologia liberal, não resiste à exegese de Mc 12,17, e das passagens correspondentes de Mateus e Lucas. Toda a tradição patrística conduz a uma interpretação *polêmica* muito diferente dessa passagem, talvez uma daquelas que com mais 'violência' Jesus aparece como sinal de contradição, distante de conceder-se a fáceis irenismos.[18]

18 | Sobre a intepretação do dito de Jesus, ver M. Rizzi, *Cesare e*

Um primeiro nível interpretativo poderia soar assim: obedece a César até quando César pretender de ti as coisas que *in nullo modo pietati nocent*. Se te pedir um tributo, dê-o – teu ato não terá nenhum efeito negativo sobre tua *pietas*. Deves saber distinguir entre um *Caesaris tributum* e um *Diaboli tributum*. Satanás reclama um tributo que contradiz a piedade que se deve ao Senhor, César não. César reclama somente o *nummus*, uma moeda. O que César não poderia pretender? O que é de Deus e da Deus. E assim nem corpo, nem alma, nem vontade. Somente *in auro* é posta a taxa que lhe se deve. *Nomisma Caesaris in auto est*. Como em Jerônimo, que retoma e conclui essencialmente toda a tradição hermenêutica precedente.

César *se representa* na moeda – e sempre a representação deve se relacionar ao representado. A moeda representa César, e assim tu não deves dá-la a ele, mas

Dio. Potere spirituale e potere secolare in Occidente, Bolonha, 2009. Como exemplo de uma interpretação dedicada a moderar o poder do passo evangélico, conferir também J. Ratzinger, *Chiesa, ecumenismo e politica*, Milão, 1987, pp. 155-57.

ao contrário restituí-la a ele. É a ele que pertence. Onde encontrarás, por outro lado, a imagem de Deus? A coisa na qual Deus se representa é a que tens que restituir a Deus. E essa 'coisa' é todo o homem: corpo, alma, vontade. A César *nada além* que o *aurum*, o tributo que temos que pagar por nossa vida no século. Necessária, certamente: com a moeda adquires os *necessaria*. Nenhum ascetismo abstrato em Jesus – mas a assimetria que se afirma é radical: a César o que em nada compete não apenas com qualquer dimensão espiritual, mas também com o corpo e a vontade do homem. A Deus *o homem*: *Dei atuem nomisma homo est. In homine est Dei imago figurata*. A César, tampouco o corpo – mas apenas o que materialmente o nutre. Ele serve exclusivamente a seu sustento. O *corpo vivo* vem de Deus, e a Ele temos que restitui-lo junto com a alma e a vontade. Todavia, não é aqui que se alcança o nível mais extremo da assimetria, mas se entende no 'dar a César' um drástico *abandonar* tudo o que é de César. Pagar um tributo já não é visto como uma obrigação, um dever. Mas um *liberar-se* de tudo o que em nós não seja *imago Dei*. Orígenes e, sucessivamente, Ambrósio interpretam o passo evangélico à luz do 'abandona tudo, segui-me'. O *aurum* te oprime, é *impedimentum*. O que para ti *nada* deve importar dá a César. Ele tem poder somente sobre o que para ti é *nada*. Um limiar imperceptível divide essa afirmação, que esvazia a ideia de poder, do próprio aniquilamento daquele que o possui.

Orígenes e Ambrósio não veem no passo evangélico o fundamento de um compromisso pacífico, pelo contrário, exaltam sua dimensão *mística*. O homem é a imagem de Deus, mas é também pecado – e desde então a imagem originária está em luta com outra, que vem do Inimigo. 'Dá a César' passa a significar não apenas que tu deves se liberar de qualquer *religio* em relação a ele, mas *depõe* a imagem do Inimigo que ainda te marca. Depõe tudo o que ainda te leva à *malícia*. Restituir a moeda àquele que nela está representado é 'imagem' da vontade de depor finalmente o que nos une ao verdadeiro *príncipe* deste mundo. Se tu não renuncias ao *nummus*, jamais poderás expressar teu ser *imago Dei*. Mas a *translatio* impõe-se: sobre a moeda a efígie de César acaba por parecer máscara, *pessoa*, daquela do próprio Inimigo.

A dinâmica do relato evangélico parece dar razão a essa exegese. À pergunta dos escribas 'se' se deve pagar, Jesus responde como a quem nada compreendeu de sua predicação, ou seja, de seu *agir*. Vos não vistes que *tudo* abandonei? Não escutastes que quem me segue é chamado a abandonar até mesmo a mãe e o irmão? Desejais que não abandone, ou melhor: que não *rejeite*, o que é de César? Não apenas minha alma, mas meu corpo e minha vontade são absolutamente alheios a César e a seu Estado. César me pede a moeda? Aqui está – é sua desde sempre, já me havia liberado dela. Não luto absolutamente contra a autoridade de César nesse campo. Pelo contrário, eu a reconheço integralmente, precisamente porque ela não concerne àquela que obedeço e da qual sou partícipe.

Mas o dilema começa exatamente porque Jesus *não* diz que na imagem sobre o *aurum* transparece a do *Inimigo*, nem mostra simplesmente ignorar seu 'valor', mas deseja apenas que seja restituída a César. Aqui está implícito o reconhecimento da função deste para garantir os *necessaria*, o reconhecimento de seu *servitium*. E talvez também o de sua função de dique ao mal. Mas *esse* César é somente o *impossível* – ainda mais impossível do amor de Jesus. Um poder não poderia esvaziar-se a uma forma tão mínima sem desaparecer. Um poder puro serviço já não é poder, nem poderia se sustentar se toda relação com a *vontade* de seus *cives* fosse eliminada.

Um *katechon* sem *anima* é talvez imaginável, sem corpo e sem vontade não. Mas esse parece ser o sentido das Palavras de Jesus, que não se limita, diante da pergunta dos escribas, a repetir que seu reino não é deste mundo, não «olha e passa», mas escuta e responde. Vive na cidade e sabe quem é César – e é aqui, nela, em seu centro, que impõe um problema irresolúvel. De um lado, não combater a autoridade política – combatê-la significaria, na verdade, revigorá-la;[19] do outro, esva-

19 | Resumo a posição de K. Barth na primeira edição de seu *Comentário a Romanos*, 13 (1919; tra. it. *Fede e potere. Il capitolo 13*

ziá-la do interno, depondo, assim, toda sua *auctoritas*. De um lado, chegar a um ponto onde sua imagem confina com a do Inimigo; do outro, exigi-la, quase, mas na forma nua do *servitium*. É fácil sair do dilema concedendo *anima* e vontade *também* ao *aurum* – e, pelo contrário, da mesma maneira é fácil 'absolutizando' o Reino, como se não fosse escrito 'seja feita *na terra* Tua vontade'. Mas seguir o paradoxo de Jesus – *hoc opus, hic labor*.

della Lettera ai Romani, org. F. S. Festa, Roma, 2000).

VI

A Igreja e o *katechon*

É evidente que esta interrogação reporta ao cerne do problema do *katechon*. Dessa perspectiva, este se apresenta como o problema de uma práxis específica, que pode manter, em um, a exigência do *servirtium* em torno dos *necessaria*, do fazer dique à anomia, do reconhecimento pleno do primado do espiritual. O *katechon* assim deverá configurar-se como um poder total, organizado – mas não na forma própria do império, nem na da Igreja. Todavia, embora seu papel também seja de mediação, este reconhecerá as razões do poder político, assim como o testemunho daqueles que acolheram «o amor de verdade». Mas até onde isso lhe será possível? O fato de o *katechon* exercer um poder não fictício parece indiscutível; assim como esse poder se revela infinitamente mais débil do que o do Adversário. O fato de sua função possuir uma relação intrínseca com aquele testemunho parece ser necessário, mas fortemente duvidosa sua praticabilidade: não deve, depois de tudo, não *ser afastado*? Qualquer *medietas* é destinada a cair na hora apocalíptica. Mas seria talvez eterna a *ecclesia militans*? E se, *no século*, o *katechon* ocupa em todo o caso, como parece, uma posição *de meio*, se desempenha um papel quase de temperança e moderação, deverá haver uma afinidade específica também com aqueles que esperam *in spe* os *novissima* – e assim *quererá* ser afastado.

Por que um poder que freia? Sua ambivalência parece insuperável. Em seu esforço de conter o *Antikeimenos* (isto é, a comunidade anticrística), este parece ser objetivamente da parte dos justos. Mas até onde? Sua ação poderia ser igualmente percebida como uma tentativa de prolongar a energia do Adversário, com a consciência de que o *pleroma* deste coincidirá com sua destruição. A ação katekhontica consistirá, assim, em fazer durar o máximo possível o momento no qual se concede ao Ímpio de se manifestar *energós*? Sua oposição a ele terminará traduzindo-se em secundar sua vontade de duração (sempre e quando esta seja a vontade do *Antikeimenos* – e não aquela de precipitar-se em direção a seu *próprio fim*)? Uma práxis katekhontica representaria, assim, um extraordinário *exemplum* de heterogênese dos fins. O que equivaleria dizer que qualquer oposição, no âmbito do domínio do Príncipe deste mundo, é destinada a transformar-se em causa de sua vontade de poder. Somente a fé que Jesus seja o Cristo, fé que funda a esperança certa de sua vinda, livra-*nos a malo*, enquanto todo poder que freia, precisamente em sua oposição ao transbordamento da anomia, não apenas é elemento integrante de sua própria história, mas no fim torna ainda mais violento o ímpeto, como o da corrente de um rio que destruiu os diques. O *katechon* pode apenas participar intimamente do princípio que pretende frear, atrasar, se não até interromper. É impossível não manter *em si* o que se quer *conter*. Todo poder deve constituir-se dentro da dimensão, até mesmo cósmica, do princípio da anomia destinada a triunfar. Decerto, não deriva desse último, dado que ambos são expressões de um desenho que os transcende, de um desenho que institui a história como suprema *prova*, para que se alcance a perfeita separação entre aqueles que acreditam na mentira e aqueles que acreditam na verdade. Mas, em sua oposição ao Adversário, o *katechon*, só pode, ao mesmo tempo, preservar a energia, adiar sua explosão – e isso se mostra da maneira mais 'diabólica' quando, como vimos, este se exercita 'retendo' na própria Igreja o número dos anticristos.

Mas pode-se afirmar por sua vez: é a causa de sua *misericórdia* que o *katechon* atua como se o dia do Senhor pudesse ser retido, ou até mesmo pudesse não acontecer. Não apenas *exousiai* político-civil, quando sejam na verdade *defensor pacis*, mas também, ainda que talvez ingenuamente, as autoridades espirituais, na consciência dos atrozes sofrimentos que precederão a *parusia*, poderiam encontrar-se atuando para *não vê-los*. Quem aguentará essa desordem quando for versado o sangue dos justos, os jovens assassinados nas latrinas, profanados os cemitérios dos santos (Hipólito, *Commentarius in Danielem*, IV, 51)? O *katechon*, mesmo conhecendo a inevitabilidade do Fim, e talvez possuindo também a fé que funda a esperança, poderia advertir como intolerável o transbordamento da destruição e da devastação, da anomia e da *apoleia*, e por isso, por *philantropia*, opor-se ao Adversário. É sobre essa base, então, que a Igreja reconheceria a função 'boa' do poder imperial. E é nesse esquema que o filho da perdição se transforma no *bárbaro*; o universalismo da lei imperial harmoniza-se providencialmente com a missão evangelizadora; império e Igreja juntos *mantêm em forma* a Era em vigilante espera e reprimindo toda impaciente soberba. É esse o modelo de toda 'sacra aliança' entre poder político e papado?

Essa irenista, conciliadora filosofia da história foi repetida nas formas mais variadas, mas se sustenta unicamente ignorando todas as aporias com as quais deparamos até aqui. Se, de fato, uma autêntica força katekhontica é concebível somente como dimensão interna do império, a consequência necessária é que esta entrará em competição com a autoridade espiritual. Se o império é concebido como *inimigo* do Adversário, nenhuma exegese da tradição apocalíptica, de Daniel ao Apocalipse joanino, poderia se sustentar. Se a anomia, que é espírito do Ímpio, é confundida com a *anarquia* ou reduzida a *barbárie*, banaliza-se a estrutura e ignoramos a dimensão. O Adversário não irrompe 'de fora', como um invasor estrangeiro! Ele emerge *da* Era que carrega o nome do filho – ou melhor, o faz do seio de sua própria Igreja. E, mais ainda, do poder imperial que, providencialmente claro, dispõe o mundo ao universalismo da predicação do novo Pacto. O *katechon*, para contrastá-lo efetivamente, deveria demonstrar saber se opor a todos esses poderes da Era, ou ao menos às dimensões intrínsecas através das quais elas participam, ou são obrigadas a participar, do poder do Anticristo.

A 'história' do Anticristo é feita de ordens, leis e reis. Suas guerras são para o domínio, e não de rapina. Quem chora Babilônia, no fim, «vendo a fumaça de seu incêndio», são os reis dessa terra, são os «*emporoi*», os grandes mercantes, porque ninguém mais compra ouro e prata, bisso e púrpura, marfim, bronze, ferro. A *ira Dei* destrói «tudo que é opulência e esplendor» [Ap 18,9-19], e não tendas e carros de hordas barbáricas. E o Adversário sabe que o império deve ser também poder espiritual pleno. Longe de expressar uma pulsão anárquica, seu domínio combina a espada com o altar; por isso, ele *deve* elevar-se como deus, *instituir* um culto próprio. Não é Anárquico o Adversário, mas sim *apostata*. E a apostasia, a *organização* da apostasia, é uma questão civil, política, religiosa, tudo ao mesmo tempo. *Anomos*, sim, mas em relação às leis do Cristo, isto é, à loucura do Logos da Cruz [1Cor 1,18]. Poderia um poder imperial não conter em si, sem talvez chegar a expressar violentamente, essa anomia? E como, então, ser *katechon* em relação a ela? Somente, precisamente, no sentido de que a mantém em si, de que ela constitui seu arcano. Caso a expressasse com toda sua plenitude, o conflito com a *ekklesia* iria tornar-se inevitável – e seu êxito está escrito. Para que dure o reino do *Antikeime-*

nos é, portanto, necessário que o poder da *ordem* imperial – que poderá ser também apenas espiritual – 'zele' seu espírito, vele-o ou o *re*-vele, sem jamais chegar a desvelá-lo. Nesse sentido, Adversário e Império podem entrelaçar os respectivos destinos, sem que todavia jamais se confundam. Mas poderiam Igreja e Império fazer o mesmo – e precisamente através de uma mediação e de um compromisso katekhonticos?

O carisma da Igreja consiste no anúncio do Reino – ou melhor, em sua *atual* proximidade de seu ser aqui e agora, a cada instante, para quem crê – e, assim, em predicar, *agora*, a *conversio* radical do homem. Que relação pode existir entre essa missão e a do *katechon*? Ele atua apenas em relação com o poder anticrístico, e, como se viu, talvez também dentro dela. É, desse modo, apenas em negativo que a Igreja terá que enfrentar o problema? A causa dos anticristos que ainda habitam nela? É para enfrentá-los e fazer diques que terá que assumir em si também a dimensão katekhontica? Mas isso vale para qualquer poder terreno: o próprio império deve conter e reter em si as forças que ameaçam a plena manifestação de sua natureza, a que o obriga a querer crescer, reforçar e expandir o próprio domínio (e a querer impor-se por isso também como *auctoritas* espiritual). A figura katekhontica se apresenta cada vez mais como um complexo de *personae* que jogam em campos distintos, que assumem hábitos ora claramente políticos, ora religiosos, ora de funcionários imperiais, ora de *diakonai* e *leitourgoi*. E radicaliza-se a ambivalência de seu poder: impede que o império se confunda com o Adversário, e o próprio Adversário com o imediato transbordar; retém na Igreja os anticristos que não são 'de nós', e toda a Igreja da batalha decisiva contra o Império, ou do se *decidir* sobre a natureza do Império. Além disso, como já se viu, pode assumir um caráter autônomo (mas que é certamente menos relevante em relação aos precedentes), representando-se como Estado burocrático-administrativo ou de 'polícia'. A Igreja pode sempre estar tentada a fazer valer essa imagem 'frágil' de si mesma – uma ideia imperial, uma 'grande política', tenderá de fato a assumir um timbre *aiónico* e por isso a competir com a *timé* eclesiástica, e não apenas com qualquer forma de hierocracia.[20] Mas um *katechon* que não seja *energós*, próprio, devido a seu pertencimento aos dois grandes campos político-espirituais, a sua 'familiaridade' com eles, é pura *ficção* de poder, vontade de impotência. Por isso a Igreja, à medida que considere necessária uma energia katekhontica, buscará o compromisso com 'governos fortes', mesmo sabendo, com o realismo político que marca toda sua tradição, que jamais se verá na Terra impérios *obedientes* a quem julga o próprio carisma como a expressão do fim da Era.

Mais forte e fundamentada aparece a época do Político, mais valor terá seu *nomos*, e mais nitidamente se mostrará sua contradição com a Era. Sobre tal contraste escatológico o *katechon* é agnóstico - ou então tentará sempre limitar seu alcance. E nesse sentido atuará *dentro* dos dois domínios, ou, digamos, das *duo*

20 | Sobre poder político e poder hierocrático ainda decisivas as páginas de Max Weber em *Economia e società* (1925; trad. it. org. P. Rossi, vol. II, Milão, 1961).

civitates. Para a primeira, que mesmo assim tem relações 'abissais' com o *Antikeimenos*, trata-se de antepor razões 'calculáveis' da própria duração e sobrevivência à *libido dominandi*, que constitui sua marca. Para a segunda, antepor as exigências universalistas da própria missão, que a rendem 'homogênea' à vocação imperial, à predicação escatológica, para a qual nenhum poder mundano é 'justificado' a enfrentar o Inimigo, se não confessa abertamente que a própria esperança se baseia na fé, que *o que confessa o Filho também* possui *o Pai* [1Jo 2,23], o que, de fato, equivaleria a reconhecer o primado da *auctoritas* espiritual.

A figura do *katechon* se delineia como um espaço de desdobramentos progressivos. Não apenas entre império e Igreja, mas, no próprio domínio imperial, entre quem retém o ímpeto do Adversário e quem retém as instâncias teológico-políticas monoteístas 'antitrinitárias' da Igreja,[21] assim como, na própria Igreja, entre

21 | A referência alude obviamente ao famoso ensaio de E. Peterson, *Il monoteismo come problema politico* (1935; trad. it., Brescia,

quem 'freia' o compromisso com Roma e quem freia a definitiva 'saída' dos anticristos. Figura incerta, *in-segura maxime*. E por isso típica da Era do *nunc-et-nondum*. Figura composta de *simulatores*, daqueles que simulam vontade de poder, e na realidade desejam conter sua expressão; simulam contrastes definitivos com o *Antikeimenos*, mas na realidade devem também tomar parte; simulam solidariedade com a paciência da Igreja, mas na realidade sua resistência é sinal do compromisso que perseguem com os poderes terrenos e, também, com o próprio Adversário. *Larvatus prodeo*. Simular não é enganar, é fingir (em todos os sentidos do termo) um poder que na verdade não se dispõe. Somente quando o *katechon* deseja com efeito elevar-se a energia autôno-

1983), onde se afirma a indisponibilidade de uma teologia trinitária ao compromisso com uma autoridade política entendida, *radicitus*, no sentido de império. O presente trabalho busca demonstrar que quanto mais complexa é a relação de uma teologia trinitária mais podem se desenvolver todas as formas de poder katekhontico, de necessidade dialeticamente intrincada na própria constituição forma-império.

ma, sua obra torna-se puro engano. Para valer autonomamente, de fato, é necessário que o *katechon* afirme o fim dos dois grandes contendentes (ou a insensatez do confronto deles), e assim que não aconteça época nem Era, que o tempo não manifeste nenhum caráter escatológico, mas seja somente interminável, indiferente duração, sobre a qual *logicamente* o Príncipe deste mundo tem plenos poderes. Se o *katechon* revela um *nomos* próprio, e assim silencia os outros poderes, desse modo sua figura se metamorfoseia na de uma autêntica *simia* do Adversário. Se o domínio vir do *katechon*, será inevitável o advento da anomia, enquanto *apostasia* e enquanto dissolução da *ordem* garantida pelo império. É preciso pensar conjuntamente todas essas possibilidades. Na figura do *katechon* elas se *simbolizam*. Cada uma existe para a outra e em razão do próprio conflito e do comprometimento recíproco. Para durar no tempo do fim, é necessário limitar reciprocamente os domínios, cada um dos quais ao contrário se quereria *universal*. É necessário que cada um deles reconheça, em alguma medida, as razões do outro. O espaço dessa mediação é o *katechon* – incluindo nisso a imanente tendência de todo poder reduzir a si os outros, que também atuam no *katechon* e talvez sejam propriamente os que se impõem ao crepúsculo da Era cristã. Todos estão por sua vez contidas na Hora da afirmação do Anticristo, e seus confins por isso *tocam* sua essência, mostram-se e arriscam-se em seu destino. A *cupiditas* a fazer-se Ídolo pertence ao Império; a teocrática à Igreja, consciente de que apenas a memória do fim poderia preservar a Era (mas é a via que o próprio Acusador oferece a Jesus, e por isso jamais pela Igreja abertamente confessável); o esvaziamento do sentido escatológico e messiânico do tempo, o esquecimento do fato de que nenhum poder vencerá o filho da perdição são imanentes à natureza do *katechon*. É possível pensá-lo ainda segundo uma perspectiva diferente, para além do emaranhado das já percorridas?

Até agora o *katechon* foi concebido essencialmente na forma da *mediação*. Mesmo quando nos parecia vê-lo em ação na Igreja, concentrado em conter os anticristos e 'zelar' por eles. Mas a outra face de seu agir, *como se* o Juízo pudesse ser retardado, pode consistir também na prece concedida aos infantes de tornarem-se *gregoroi vigilantes*, para que aos herdeiros incapazes de corresponder ao Logos lhes seja dado *todavia tempo* para converter-se a Ele. Como «*energeitai*», a força do engano, esta *facies* do *katechon*, atua com desesperada esperança para que o próprio tempo do fim perdure – não para permitir que o Adversário continue a propagar, ou que o império cresça, ou que a organização eclesiástica expresse um monopólio espiritual, mas para a abertura à escuta, para o recebimento do amor da verdade dos homens de dura cerviz. É essa prece à força que retarda, como a prece de Abraão ante a iminência da destruição de Sodoma. É a «semente dos cristãos», dizem os apologistas Aristides e Justino. Por isso atenção ao persegui-los! Cabe a Roma compreender que silenciar o culto deles – se isso fosse possível – significa acelerar a dissolução do império.[22] Foi assim que Teodoro de Mop-

22 | 'Guia' para as relações entre império romano e cristianismo, sob a perspectiva sociopolítica, P. Siniscalco, *Il cammino di Cristo*

suéstia e Teodoreto de Cirro interpretaram o *katechon*: a prece cristã é intrinsecamente evangelizadora. Para que a predicação do Verbo chegue a todas as pessoas, ela resiste apesar de todas as perseguições. E somente quando seu fim chegar acontecerá o pleno apocalipse do Anticristo.[23]

Nessa perspectiva, a própria Igreja parece então essencialmente katekhontica. Sua obra é o que segura a anomia, clamando incessantemente para a conversão a fim de se preparar para a 'morte do tempo', a vinda do 'ladrão da noite'. Sabe que a conclusão de sua obra coincidirá com o desvelar do filho da perdição «assinalada pela atividade de Satanás», mas testemunha também que o sopro da boca do Senhor destruíra seu reino em um 'grande instante', e então quem

nell'Impero romano, Roma-Bari 2ª ed. rev., 1996.

23 | O fato de o *katechon* ser interpretado como a predicação da palavra de Deus é uma ideia muito anterior à exegese de Calvino, diferentemente do que afirma Schmitt («Tre possibilità di um'immagine Cristiana del mondo», in *Un giurista davanti a se stesso. Saggi e interviste*, trad. it., Vicenza, 2005).

souber resistir ao engano será salvo. Portanto, apesar de tudo, é necessário invocar incansavelmente a *metanoia*, trabalhar para a vinda do Senhor. A apostasia não é o Último – é o último dos momentos históricos, é a conclusão da Era, é o espasmo tremendo, angustiante, do *tempo que morre*. Os *possíveis* do tempo desaguam, repletos de sofrimento, lutas, misérias, como raios no oceano, na apostasia. Mas ali também se desfazem. E *mais além* está para sempre o que o Verbo prega: o *im-possível* da salvação eterna, cuja imagem vive o Reino *agora*, para quem, como o ladrão na cruz, *agora* crê. Ao longo de toda a história de seu confronto com os poderes terrenos, a Igreja sempre teve subentendida essa ideia apocalíptica. Não é possível ordenar, manter 'em forma', a *natureza vulnerada* do ser-aqui humano caso a soberania política também não se oriente por essa ideia. Explícita ou implicitamente, os poderes terrenos devem conceber a si mesmos em função da *conversio* total, por cuja *graça* a Igreja trabalha. Se a contradizem, ou mesmo se assumem uma posição agnóstica, cessaram de valer contra a anomia, perdendo eficácia inclusive politicamente. Em princípio, causa de uma lei geral que para a Igreja é divina, a soberania terrena será tão mais efetiva quanto mais aparecer 'contida' em uma dimensão espiritual e saber mostrar-se *ministra* dos fins que se exprimem nela. A Igreja é *katechon* em relação à natureza humana vulnerada, impendendo-a de cair no engano; é *katechon* em relação à soberania política, tentando impor a ela o reconhecimento de que ela é *representante* também dos fins que transcendem a essa soberania; é, por fim, como se viu, *katechon em si mesma*, pois sabe que em seu estado de *peregrina et militans* não pode não participar também da energia do Adversário. E por todos esses motivos é *katechon* do tempo do fim, rogando que ele dure até a conclusão da obra, a conversão, que testemunha ter-lhe sido atribuída.

A clara separação entre poder terreno e poder espiritual, a concepção da própria teologia como crítica imanente – mas não apenas: demolição de qualquer possível teologia política (Barth) – aparecem por isso totalmente irreais, 'desencarnadas'.[24] Mas tão irreal quanto é uma pacífica convivência entre eles. Se a Igreja, exatamente como comunidade 'em prece', exerce uma função katekhontica, seu símbolo deve ser também politicamente representável. E não simplesmente nas formas ou 'figuras' do culto, mas também em sua relação-conflito com a soberania terrena. Para manter 'em forma' a Era, o 'compromisso' com ela é imanente ao próprio símbolo. *Radictus*, a Igreja poderá justificar somente as formas de poder capazes de exercitar uma autêntica força katekhontica em relação à anomia que sempre age, que nenhuma energia humana poderá por si *supervencer* e que é destinada a desvelar-se na total apostasia. Qualquer exercício autorreferencial do poder, qualquer função de impedimento ou contenção da dissolução do todo político, que não se possa reconduzir à ideia da *conversio* – qualquer tentativa de prolon-

24 | Nesta linha se movem as importantes contribuições de G. Lettieri à filosofia política e à filosofia da história de Santo Agostinho, e em particular o ensaio «Riflessioni sulla teologia politica in Agostino», contido no volume citado *Il dio Mortale*.

gar o tempo do fim, que não esteja concebido para *o fim último* de permitir essa *conversio* – só poderá parecer 'cúmplice' da *libido dominandi* do Adversário, além de resultar politicamente ineficaz, visto que um império terreno, espiritualmente 'desenraizado', poderá apenas acompanhar seu transbordamento.

Se há um *katechon* que pode esperar que a própria esperança não resulte infundada, é a Igreja. Não só: será a fé que nela habita, e a partir do momento em que nela habita, a segurar o Inimigo (assim mais uma vez em Hildegarda de Bingen). A própria duração do império depende disso. Roma poderá ser consertada e não «*totalier destructa*», unicamente graças à misericórdia divina, que sobre ela o cristão invoca. Por isso a 'cidade eterna' não terá o mesmo destino que Sodoma (Agostinho, sermão 397). Certamente não foi para a salvação de seus templos, de seus simulacros idolátricos, de seus teatros, que Pedro morreu (Agostinho, sermão 296). Não será pela beleza do mundo que o Senhor escutará as preces daqueles que invocam *ainda tempo*. O sentido acabado da Era escatológica que se abriu no seio do Cristo não poderá que ser o da paz universal, mas somente da Paz que apenas Ele pode dar àqueles que Nele têm fé. O *eschaton* se revela em Rm 9-11: *ressurreição*, vida que triunfa sobre a morte, significa essencialmente o fim da *stasis* entre Igreja e Sinagoga,[25] depois que a recusa, o *apobolé*, desta permitiu a «reconciliação do mundo», a conversão dos gentis, através da predicação de seu apóstolo. Somente uma prece assim 'justifica' e pode tornar eficaz um poder katekhontico, que é, entretanto, impossível de ver apenas de modo religioso-político. A própria universalidade da predicação implica historicamente a do império. E não há *ekkelsia* 'encarnada' a não ser

25 | Esta ideia constitui o cenário escatológico de *Die Kirche aus Juden und Heiden* (1933), do antagonista de Schmitt sobre o problema da relação monoteísmo-soberania política, E. Peterson. A contradição está no fato de que a Igreja se professa como universal, católica, enquanto 'contém' em si apenas uma parte. Ela tem que representar-se como o povo, enquanto pode apenas 'conter' um povo, na esperança de que ele não disperse antes da realização plena da promessa. O que faz de novo aparecer evidente a dimensão katekhontica da Igreja.

na cidade na qual a contradição permanece, na qual «*energeitai*» o Ímpio, na qual conflitam e convergem com ele os poderes terrenos, em seus próprios valores katekhonticos intrínsecos, na qual, signo tremendo do *nondum*, que seria sumo pecado de impaciência querer cancelar, permanece a *stasis* entre a raiz santa e fundamental de Israel, que nunca será repudiada, e seus ramos. Em suma, se a Igreja reivindica para si a primazia na função de 'manter em forma' a Era, está admitindo, implicitamente, também, não poder ser sem a energia katekhontica, 'rica' de todas as duplicidades e contradições, que vimos operantes nos outros poderes terrenos e espirituais. A Igreja *militans* não pode se alimentar das energias que se combatem na *civitas hominis*; «o cristianismo "se nutre de *f*, de sementes não cristãs, de crenças não cristãs».[26]

E se, contudo, resulta, creio, impossível extrair da exegese dos Padres a interpretação do *katechon*

26 | V. Rozanov, *L'Apoclipse del nostro tempo*, trad. it., Milão, 1979, p. 65.

como dimensão essencial da *ekklesia*, e em geral é tão árduo admiti-lo para toda a escatologia cristã, isso se deve a razões muito dificilmente superáveis. A força katekhontica da Igreja provém somente de sua profissão de fé e está exclusivamente a serviço da evangelização. É um *katechon* paradoxal, pois que anela, sim, ao *ainda tempo*, mas se entrega integralmente ao desenho do Senhor. E qual signo poderia testemunhar que não é sua vontade resistir, e nem mesmo dominar outros poderes, mas, sim, somente a serviço do Verbo? Cresce, por acaso, graças ao 'retardo', o número daqueles que compreendem o *kairós*, que mudam sua mente e sua vida? A história mostra talvez algum 'progresso' da santidade? No momento mesmo em que o afirmasse, a Igreja trairia todo o sentido do apocalipse; faria assim, ela primeiro, da história um ídolo 'progressista'. O *katechon* nos apareceu como a força do *como se*; mas a Igreja não pode de maneira alguma agir conforme esse 'método'. Ela não pode nem mesmo conceber a ideia de que o fim possa ser retido – na verdade, ela deve mostrá-lo como *presente* em cada instante. A Igreja não pode *fin-*

gir uma duração eterna. O lugar, qualquer que ele seja, onde o Eterno se representa, não é eterno – nem Eterno se deve confundir com o tempo da resistência, da duração. Uma força katekhontica essencialmente espiritual vive, portanto, em si esta contradição: quanto mais reza para que lhe seja concedido o tempo necessário para a conversão, mais anuncia a inessencialidade do tempo para a completa expressão do ato de fé, único que salva; quanto mais espera que nos seja dado durar até 'merecer' a salvação, mais afirma que a salvação e o eterno diferem *in toto* de toda ideia de mérito e duração. A Igreja 'contém' unicamente expressando a 'não contenção' do Espírito. É o poder do *katechon* que se inverte sobre si mesmo ou que implode.

No entanto, por ser também comunidade histórica, por existir *in hoc saeculo* mesmo sem pertencer a ele, a Igreja terá que entrar em relação com o *katechon*, com quem, no século, forte de meios seculares, faz época com respeito à plenitude da anomia. A Igreja, assim, terá que apresentar também em si a estrutura da organização mundana, estrutura que sempre, em sua vontade de poder, poderá ser 'seduzida' no esquecimento da dimensão escatológica-apocalíptica. O *politeuma en ouranois* de Fl 3,20 é um povo real, uma multidão que vive no mundo. O *futurus* não anula o sentido do *civis*. E os confins da *civitas*, do 'produto' do *civis*, tocam tanto o domínio da apoleia como o da *soteria*. Quem deve, ou deveria, anunciar o Juízo, ao mesmo tempo que implora seu deferimento, é o *katechon* último. Mas este compartilha com o Juízo o destino comum. As figuras se dispõem segundo uma sucessão que não é cronológica, que acontece segundo uma hierarquia de princípios. A primeira figura que deve ser removida será a de quem simplesmente tem horror do *eschaton* e defende desesperadamente a própria sobrevivência. Em seguida, será a vez das diferentes formas políticas, que a ideia de um império, não abstratamente pensado, mas *ex nationibus* constituído, abraça em si: será o tempo da apostasia de todos os povos do império, de todo poder autenticamente *romano*. E por fim o *Antikeimenos* convulsionará a forma da própria *ekklesia*: será então a apostasia na fé da Igreja, em seu valor de real representante do Cristo. A *Glossa Ordinaria* interpreta nesta dramática linha da Segunda epístola aos tessalonicenses,[27] incorporando a tradição exegética, que volta aos máximos autores medievais, como em Anselmo (*In omnes sanctissimi Pauli apostoli epistolas enarrationes*). Antes, a apostasia, a *secessio*, a *discessio* da 'grande forma' imperial romana, a *translatio* do império a reinos; em seguida, a apostasia das outras formas imperiais, que buscavam imitá-la, unindo desorganicamente a multiplicidade dos *reges*; depois a dissolução da *auctoritas* monárquica na luta dos diversos Estados pela hegemonia; por fim a última e fatal: a secessão da Igreja e da autoridade pontifícia da maioria dos homens, prelúdio à apostasia radical, encarnada pelo Anticristo. A unidade do império e a unidade da fé, na Igreja, terão que ser eliminadas ao mesmo tempo para que seja o apoca-

27 | Sobre a importância da *Glossa ordinaria* também para a interpretação do katechon, ver R. Lambertini, 'Un'esegesi «militante» di 2Ts 2 all'Università di Parigi nel XIII secolo. Il «Tractatus de Antichristo et eius ministris»', in *«Il Katéchon» (2Ts 2, 6-7) e l'Anticristo*, op. cit.

lipse do Ímpio. Desse modo medita sobre os *novissima* toda uma tradição, desde Ambrosiaster até Bruno de Colônia. Quando *comuns* forem as formas política e espiritual, nesse momento o tempo estará maduro para a grande catástrofe. No reino do Anticristo, a inequidade se tornará comum, e do profundo de seu deserto os restos de Israel se confessarão prontos para saudar o *pneuma* do Senhor.

Para tal tradição exegética, os poderes katekhonticos *simul stant, simul cadunt.*[28] Seu entrelaçamento constitui a dimensão da Era que está *versus-contra* a afirmação do Anticristo. Este não virá antes da dissolução do império – e nem mesmo antes que silencie

28 | Este parece ser também o ponto de vista de Tocqueville. O novo partido conservador não será suficiente para resistir à força niveladora do *homo democraticus.* Os *moeurs* políticos não saberão sozinhos conter a «ímpia» ideia de uma independência integral dos indivíduos. É indispensável o compromisso com a Igreja – superar isso é o grande mal político que é para ele o conflito entre poder civil e autoridade religiosa. Todo o discurso, como se pode ver, pressupõe a teologia política do *katechon.* Ver a bela bibliografia critica de U. Coldagelli, *Vita di Tocqueville*, Roma, 2005.

para sempre essa oração da Igreja, ou antes que esta para sempre jaza ignorada. Somente o *Antikeimenos* parece não apresentar nenhum valor katekhontico, e no entanto não é de maneira alguma indiferente ao destino do poderes que freiam, e não apenas porque ele também está à espera de que sejam eliminados. Esses poderes, de fato, parecem dispor-se segundo a proximidade que manifestam em relação ao Ímpio. É possível crer resistir a este, contê-lo quanto mais secunde seu ímpeto, ou diluí-lo na duração. Ou, quanto mais o imite, mimetizando-se nele. É assim que o império pode mostrar-se como ídolo, na forma do Ídolo que não admite outros cultos além do seu, até confundir-se com o *nomos* da apostasia. E é assim que a Igreja, perdendo a esperança do sentido da espera, e perdendo a esperança no homem que angustiado espera, imagina o próprio 'império' *sine fine*, faz *sua* palavra para que possa conter e frear com eficácia *a* Palavra. Império e Igreja *apartam-se*, assim, das próprias missões, mas segundo uma possibilidade sempre aberta e imanente neles. O sinal mais tremendo do transbordamento da apostasia não é o abandono de império e Igreja pelas multidões, mas sim a *secessio* que *neles* se realiza de suas próprias missões, da função e da fé que deveriam ter encarnado.

VII
O *nomos* do adversário

Quem se abate contra os frágeis diques do *katechon* e está destinado a destruí-los? Aqui também o princípio geral toma forma, vive somente em sua representação historicamente eficaz. É o *chaos* o Adversário? Certamente não, como se viu, no sentido de um regresso do *chaos* originário, da desagregação de toda forma em um tipo de *ekpirosis*, da qual possa iniciar, *ab integro*, uma nova Era. Explode, decerto, a figura do 'deus mortal', que igualava e continha em si todos os indivíduos – falta *a potência da representação*, pela qual aquele que representa pensa de fato conter em si o representado –, mas da crise não emerge nem absoluta e simples ausência de lei e comando, nem anarquia, nem a perspectiva de uma nova Era. Se *chaos* não pode significar aqui o Aberto que 'dá lugar' a ainda inauditos possíveis, porque a apostasia põe fim à historia, tampouco, entretanto, pode ser confundido - como acontece, ao contrário, sempre em Schmitt - com a mera ausência de medida, *das Masslose*, que já em Nietzsche, e sucessivamente em Simone Weil, via como essência do Moderno. É uma nova ordem a anomia; é um novo *nomos* o do *Antikeimenos*. É uma 'sociedade' a que seu triunfo estabelece, para todo o tempo do fim. E seu signo será o do Anticristo, visto que no signo do Cristo se formou a Era e em referência a ela as épocas e os poderes katekhonticos tomaram forma.

Assim como o corpo do 'deus mortal' era formado pelo dos *cives* (embora corpo aqui vale como realidade efetiva, *sinolo* do corpo e mente, porque se imagina que todo indivíduo tenha aderido conscientemente ao pacto que funda o Estado), o corpo do Anticristo é constituído das energias dos anticristos. O primeiro era, como

Carl Schmitt ensina, bem fundado, radicado em *justissima tellus*, era *Ordnung e Ortung* em uno; o segundo é mobilização universal, intolerância a todo confim, liquidação de todo *ethos*. Este opera a 'dessubstancialização'[29] de todo poder político - mas essa obra ainda é práxis política! A energia que a move é a da intolerabilidade a qualquer *auctoritas* que venha 'do alto', de qualquer comando 'sobreordenado'; a lei que a empurra sempre-além vem de sua própria natureza. Esta obedece, sim, mas sempre a si mesma. Todo poder desde Deus, diz Paulo; uma Lei divina (ou *natura sive deus*) pretende a unidade do comando e a paz que deriva dela, dizia ainda o 'deus mortal'. Todo poder 'justifica' a vontade de poder; lá onde pode chegar a satisfazer a *libido dominandi*, lá estão os confins do poder, contrabate então

29 | Sobre o declínio de qualquer visão organicista do Político e da ordem comunitário-terreno, parecem-me fundamentais as pesquisas de G. Marramao, *Dopo il Leviatano*, Turim, 2000, e *Passaggio a Occidente*, Turim, 2003. N. Irti abordou as consequências dessa mudança de época do ponto de vista das ciências jurídicas, em *Norma e luoghi* (Roma-Bari, nova ed. aum., 2006).

o *Antikeimenos*. Todo Estado é uma *ficção*, em todas as acepções do termo, não dotado de um ser próprio. Todos os ídolos desvanecem ante a energia extraordinária deste, do Ídolo: que ao indivíduo, a cada indivíduo, compete gozar, sem limite externo algum, de todo o poder *que pode*. E, todavia, nas tramas desse Ídolo todas as vontades estão enlaçadas; ante ele todos se genuflectem; nele se igualam, confundem-se, tornam-se infinitas multidões. Forma-se assim o corpo do Anticristo, como 'sociedade' dos últimos homens. Estes dão vida a «um único rebanho», mas é um rebanho que não aceita pastores, pois o 'pastor' já *dita* desde o interior de todo seu movimento e pensamento: que a felicidade seja vossa medida; «O que é o amor? E a criação? E o anelo? E a estrela?»; realizou-se o homem; «aproximam-se os tempos em que o homem não mais lançará a flecha de seu anelo para além do homem» (Nietzsche, prólogo de *Assim falou Zaratustra*).

Nenhuma anarquia; pelo contrário; *arkhé*, princípio e guia concernem o último homem, representado pelo *Antikeimenos*; mas aqui a ideia de representação joga de forma invertida em relação à figura do *katechon*. O Adversário 'representa' os últimos homens, que constituem seu corpo e energia, predicando sua 'liberdade' de todo 'representante', sua completa autonomia. O Adversário representa des-construindo toda representatividade. A ordem do *Antikeimenos* deve ser sentida pelo último homem como desprovida de qualquer valor representativo. O ser-representados termina parecendo-lhe sinônimo de violência ou coerção. É, na verdade, o ídolo do Si que ele adora. Desse modo, o Ímpio se opõe a todo *katechon*, até erradicá-lo. Ele 'representa' as forças não contíveis, e por isso não representáveis, pelo último homem. Mas irrepresentável torna-se, com isso, também todo transcendente; mais precisamente: a própria ideia de que o homem *ek-sista* como faculdade de *transcender-se*. Da pura imanência, fechada em si, é impossível fazer uma imagem, assim como da sobre-essencialidade divina. Exausto se faz, assim, o tempo messiânico ante a energia do último homem. Não há nem fim, nem espera, senão essa espera que sempre se repete da satisfação do próprio apetite individual. O último homem *volta eternamente* ('O convalescente', em *Assim falou Zaratustra*), em uma infinita duração marcada pela produção e pela reprodução das necessidades. Em sua inospitaleira individualidade, ele é por isso também o ser mais dependente que se possa conceber – dependente do sistema 'universal' que a produção e a reprodução garantem. Ele vive, de todo modo, unicamente *em sua rede*. *Enredado* no poder do *Antikeimenos*, incapaz de se erguer. Sua época – que ele pretende que seja o cumprimento não apenas da história, mas do próprio gênero 'homem' – é a da *rede*, exatamente em sua diferença metafísica em relação ao signo da *cruz*, em sua radical *anticristidade*. As direções da primeira se dispõem integralmente na horizontal, e seu 'projeto' consiste em anular no *hic et nunc* do espaço global o próprio sentido do tempo escatológico-messiânico; as direções da cruz, ao contrário, marcam o imprevisível irromper do Eterno no plano da *distensio temporis* – Eterno que sempre se representa sobre este, mas sempre também, por sua vez, se *re-vela*.

Uma vez 'assegurado' o último homem à rede,

onde toda relação se apresenta como calculável, e onde o que não é reduzível ao cálculo é simplesmente nada [*ni-ente*], o *Antikeimenos*, sua figura autêntica, pressagiada pelos Padres bem além de suas máscaras plebeias diabólico-anárquicas, e redescobertas pelos grandes 'místicos' russos de Vladimir Soloviov a Pável Floriênski, na época apocalíptica vivida por sua terra entre Oitocentos e Novecentos, assume o nome de *Placidus*. Ele quer estar 'em paz' com toda interrogação e com toda crença do indivíduo. Tudo o que não atém ao 'dispositivo' de seu domínio é assunto privado, questão 'de coração', um sonhar ou fantasiar indiferentes. À unidade da rede se acompanha a indiferença 'soberana' pelo conflito dos valores – *in-diferentes* entre eles, já, nem mesmo digno de comparação, ou imediatamente reduzíveis a seu significado *econômico*. Devem fazer com que se mostrem *avaliadas*, e nada mais, as convicções, a fé e toda intepretação sobre o sentido *ek-statico* do ser-aí. O *Placidus* inverte a pergunta trágica nietzschiana, 'como é possível viver na experiência da morte de Deus?', nesta outra: como é possível durar eternamente, eternamente regressar, quando se busca Deus? Responsabilidade é apenas o que une à satisfação do próprio interesse, ao desenvolvimento da própria 'coisa'. Não responder nada mais que isso, considerar-se 'inocente' de tudo para além desse horizonte: assim soa a máxima do último homem. Nada *dever* – e direito como pedido de tutela. Impérios katekhonticos, poderes espirituais mundanos, seus conflitos epocais parecem dissolver-se ante a energia deste último. Ele é o apóstata: a figura da *secessio* definitiva de todo poder que pretenda resistir ao *Antikeimenos*.

Mas retorno a pergunta: devia-se resistir? E o *katechon* podia mostrar de fato o signo de paciência e espera *versus* o desbordamento do último homem? Segundo a perspectiva messiânica, resistir só pode significar resistir na obediência exclusiva à Palavra. Não importa o *quando*, mas o *como* da espera. Conta apenas permanecer atento, estar pronto, não olhar para trás. Toda forma de poder terreno é 'deixada ser' como intimamente vazia, como essencialmente *im-potente*. Mas deixada *ser*, com efeito, não combatida 'anarquicamente'.

E então ela opera: sua obra é considerada necessária, e a ela se deve uma obediência exatamente comensurada a sua impotência. Conclusão radicalmente intolerável não apenas pela soberania política, mas também para toda forma de *auctoritas* espiritual que queira constituir uma comunidade duradoura da própria oração e da própria espera. Qualquer que seja a acepção pela qual se entenda o 'resistir', ele implica, *in hoc saeculo*, a remissão ao *katechon*, em toda problematicidade e contraditoriedade de suas figuras. O *katechon* é tal apenas se *retém* nas próprias vísceras o inimigo.

Mas poderá pensar retê-lo somente concebendo a multidão já na perspectiva do último homem. Decerto, a *civitas* que o *katechon* enfrenta é ainda a da *stasis*, da 'guerra civil' entre os valores, da relação amigo-inimigo, na qual está implícito o risco extremo para cada um – mas tudo isso é compreendido pelo *katechon* exclusivamente como tirania a ser negada. Ele quer reduzir o valor a mero avaliado, à relação ao entrelaçamento, à rede, precisamente, entre meros pontos de vista, o risco da proximidade à igualdade. Em sua obra, parece só poder conceber a superação da *stasis* no sentido do domínio do *Placidus* – ou seja, da máscara última do *Antikeimenos*. Ele parece assim anunciar, se não preparar, seu apocalipse. O cristão de Paulo se *faz próximo* ao Reino, atravessando o espasmo do tempo do fim. O *katechon* se *aproxima* da apostasia, 'assegurando' em si a semente do último homem. Claro, em sua forma, e não apenas na imperial, *potestas* mantém ainda o timbre da *auctoritas* do alto; o *civis* é visto também como *futurus*, segundo uma perspectiva que poderia '*abrir-se*' escatologicamente. Mas prepotente é já a força imanente do 'dispositivo' cuja lei é apenas a condição de seu próprio funcionamento. A diferença, uma diferença que marca talvez um salto de Era, está no fato de que, como *katechon*, o poder se insere de todo modo em um horizonte escatológico e é obrigado a reconhecer sua própria impotência, enquanto a ordem do *Antikeimenos*, afirmando-se como não transcendente, e negando por isso toda transcendência, produzindo a imanência da lei universal dentro da própria vontade de todo indivíduo, pretende cancelar de si toda referência, toda ulterioridade. Ao conter em si o advento da apostasia, chegando até a pressagiá-lo, o *katechon* age para sua própria morte. Por heterogênese dos fins, encontra-se 'cuidando' da semente que o eliminará. Chega a detestá-lo, também – ele, que ao mesmo tempo lembra a Era das grandes lutas entre os poderes 'do alto', impérios, igrejas, vontade de poderes estatais –, mas tendo que 'assegurar' a *stasis* que surge 'de baixo', tendo que remover todo signo de contradição, sua corrente não poderá desembocar neste último confronto, por nenhum poder humano resolvível. O *katechon* é tanto forte para conter como impotente para prever. Se soubesse realmente prever, cairia em puro desespero. O que é que não pode, por sua natureza, nem mesmo pressagiar? O fato de a ordem do *Antikeimenos* ser efetiva, de a *anticristandade* e o *nomos* poderem não se contradizer violentamente. O *katechon* não lê senão a desolação da anarquia no signo do *Antikeimenos*. Nos anticristos, não vê o último homem contido na rede do *Antikeimenos*, mas, sim, 'revolucionários'; teme o perigo da *exceção*, em vez da reprodução sempre igual, cujo momento da crise é fator essencial. Ele não pode saber que precisamente a energia conservadora produz o último homem.

VIII
As duas cidades

Duas grandes visões se contrapõem, na cristandade, sobre o significado escatológico do poder político e sobre sua relação com a *auctoritas* espiritual, que a Igreja encarna. Nelas se iluminam e se entrelaçam as tramas que até aqui temos tentado destrinçar.

O império romano é *afflictum*, mas pode *recriar-se*, como já aconteceu no passado. O império conhece crises, ou melhor: é crise, mas continua sendo necessário no século. Agostinho reconheceu-o – mas ninguém como ele levanta com mais energia a *reserva escatológica*, da qual se falou. Não é apenas impossível fundar a *potestas* de Roma sobre a verdadeira teologia, como tampouco é possível reconhecer como fundamento da *potestas* a teologia dos doutos, dos filósofos, que chamamos *física* (e desde sempre fica claro que «*in vera autem teologia opus Dei est terra, non matter*», *De civitate Dei*, VI, 8, 1). São as fábulas indígenas do teatro que permanecem no centro do culto. Teologia mítica e *theologia civilis* não são de forma alguma separáveis. De-ssacralização completa do império, portanto, e não conduzida de fora, mas através da crítica impetuosa de seus próprios princípios e quase das palavras de seus pais, daqueles, Varrão *in primis*, que explicaram aos romanos sua própria pátria.

Mas não é suficiente. A *auctoritas* romana não é apenas radicalmente 'secularizada', mas contestada em suas pretensões de formar uma autêntica *respublica*. A radical 'secularização' conduz assim, e com total 'lógica', à visão de um poder intrinsecamente frágil – legítimo, mas impotente para constituir o vínculo social-político que é o único que torna possível falar de *respublica*. De que vínculo se trata? Roma, com efeito, busca racionalmente fins de paz, mas é a paz de Tácito, a que se renova com fadiga e apenas através da *laboriosa bella*, através do *bellum nefandum virigliano*. Mais ainda: é a paz-armistício, a paz-compromisso entre interesses irremediavelmente cindidos e contrapostos. Guerra externa pelo domínio universal e *bellum civile* são aspectos da mesma realidade trágica; nem mesmo os reinos mais sábios poderiam superá-la, nem mesmo um rei como Salomão (XVII, 13). Mas, para falar legitimamente de *respublica*, seria necessário um poder capaz de estabelecer vínculos de *justiça* entre todos os *cives* – não apenas a justiça que se limita a distribuir e administrar sobre a base abstrata, geral do *nomos*, da lei, mas a justiça que dá *a cada um o seu*, que reconhece a essencialidade de cada indivíduo, e a ele se faz *próxima* por amor. 'Medida' *impossível* para o império. A *civitas hominis*, nos comércios entre seus cidadãos, nas leis que a regulam, é certamente construção racional, mas não pode arrogar-se o título de verdadeira *respublica*. Chamemo-la, então, *coetus multitudinis rationalis*. Um convir (*coetus-coire-convir*) de multidões de indivíduos, cada um racionalmente animado pelo desejo de buscar o próprio interesse, mas consciente de que para fazê-lo com segurança necessita da força da lei. E não é assim que o próprio Lívio havia narrado as origens de Roma? À paz também se pode chegar por essa via, mas é sempre a Paz de Babilônia. Roma é *altera Babylom*.

A expressão não assume um timbre imediatamente apocalíptico. Agostinho não tem em mente as profecias de Daniel e suas exegeses teológico-políticas mais radicais. O poder político é necessário e toda impaciência em relação a ele deve ser condenada. Sua figura, entretanto, se esvazia temerosamente desde dentro. «*In hac daemonicula civitate...*» (XVII, 41, 2 – e não se esqueça de que com certeza grande é o poder dos demônios: XVIII, 18, 1!), nessa «*civitas confusionis*» nenhum poder é capaz de domar de fato a cobiça, a vanglória, a soberba, a avareza, a inveja. Qualquer lei é por demais frágil para imperar de verdade sobre nossa *natura vulnerata* – a mesma que torna necessária a lei até o fim dos tempos. Mais do que reconhecer o poder efetivo, aqui se denuncia sua precariedade e sua fragilidade.

Toda afirmação sua prepara novas derrotas – como as pazes novas guerras. Parece a drástica imagem da redução do império à forma que apenas freia, apenas contém o *katechon*.

No entanto – e nisto consiste a importância extraordinária de Agostinho para compreender o problema teológico-político – à forma katekhontica do poder não se opõe uma *auctoritas* espiritual, que ultrapassa seus limites e aporias, colocando-se abstratamente em outra dimensão. As duas cidades são *perplexae et permixtae* desde a origem, e sua história – posto que ambas devêm, transformando-se de época em época – só pode inventar o nascimento comum. Ambas saem «*ex comuni, quae aperta est in Adam, ianua mortalitatis*» (xv, 21). Se a primeira, a *civitas Dei*, vive na esperança de Deus, que poderá satisfazer apenas *gratia*, e a segunda, a cidade do homem, se resolve por sua vez «*in re huis saeculi*», isso não comporta separação. O *civitas futurus* habita na *civitas comum*. Conhece aqui uma história, que vai da adolescência à maturidade, à plenitude dos tempos, paralela à do *Homo politicus-oeconomicus*, que chega como o império de Roma à expressão do próprio poder máximo. Ele *luta* nessa cidade, não apenas contra qualquer poder idolátrico, mas também para procurar 'aqui embaixo' outros cidadãos para a cidade de Deus, *arrancando-lhes* aos 'valores' do século. Impossível para a cidade de Deus, então, assim *arremessada* na história, pretender-se livre dos males intrínsecos à existência histórica. Essa não é a comunidade dos perfeitos, mas sim ao máximo daqueles que tendem incansavelmente, segundo a palavra de Jesus, a ser *teleioi*. E tensão e anelo não podem não comportar interrogação, conflito, dúvidas – a possibilidade sempre aberta da *queda*. A própria experiência histórica das duas cidades o demonstra: existem aqueles que desprezam Deus, *cultores Dei*, entre os filhos de Cam (XVIII, 10). No século, *todos* se desviaram.

Trata-se da mesma visão que emerge do *Tratado sobre as epístolas de João*: muitos réprobos habitam a mesma cidade de Deus, sem pertencer a ela. E enquanto não chegam à terra firme, continuam nadando como peixes no mar (XVIII, 49). Isso significa que cidade de

Deus e Igreja não coincidem de forma alguma. A Igreja é a cidade de Deus *em devir*, radicalmente imperfeita, e por isso seu confim com a cidade do homem é por definição sempre *transgredível*. Ambas as cidades estão constitutivamente em perigo justamente porque *in itinere*. Se a cidade dos homens se encontra na beira do abismo do desprezo de Deus, nem mesmo a primeira está *a salvo*, a não ser pela promessa escatológica - mas nenhum pode dizer se serão salvos aqueles que hoje parecem pertencer a ela.

A maior construção política, Roma, não é *respublica* - a Igreja não é cidade de Deus. A autoridade espiritual, pela própria imperfeição, evoca a necessidade do poder mundano, mas deverá ser um poder que, impotente para realizar a autêntica justiça, *renuncia* a este fim que sempre havia legitimado seu exercício: garantir *felicidade* na Terra, *eudaimonia*. Qualquer pretensão, de sua parte, de representar-se como *império* efetivo - energia, ou seja, que não apenas governa, mas *comanda* em direção a um fim, imagem do significado da Época - devém teatro, pura *cena*. E a Igreja, por sua vez, no exato momento em que realiza essa drástica redução do Soberano secular a administração, esvaziando-o de toda *auctoritas* intrínseca, não apenas se vê obrigada a confirmar a exigência do compromisso – «*utimur et nos pace Babylonis*» –, mas é tragada, no meio da arena sociopolítica, pelo próprio vazio que produziu, ao buscar constituir-se também como forma e autoridade política. E não pode ser de outra maneira, visto que não é possível conter com eficácia a incontível tendência da cidade do homem a amar a si mesma até o desprezo por Deus com a única arma dos poderes mundanos de natureza katekhontica, ou, no polo oposto, do apelo *sine glossa* ao Anúncio. É evidente que quando isso acontece a Igreja corre risco extremo: confundir-se com a cidade dos homens e seus arcontes, chegando até a 'politizar' a ideia do Reino.

A essa aporia parece chegar a filosofia da história agostiniana. A ela reage grandiosamente a de Dante (e em sua esteira, mas com ênfases frequentemente bastante retóricas e menor energia especulativa, Petrarca e o humanismo). É necessário que a Igreja tenda em cada uma de suas fibras a ser perfeita imagem da cidade de Deus. Mas *precisamente por isso* é necessário que a soberania política tenda analogamente à perfeição – ou seja, sendo império, autêntica *auctoritas* imperial. Um soberano diferente não garante, no fim das contas, nem mesmo uma boa administração. E, se a Igreja encontrar diante de si um soberano impotente, a sedução do poder temporal poderá sempre representar para ela um lembrete invencível, impulsionando-a a trair a própria missão e o próprio fim último. O acordo escatológico pode ser pensando somente entre dois *Sóis*, ambos no cume de seu esplendor.

Katechon, conforme o sentido mais preciso do termo, é concebível para Dante apenas como império. Poder imperial perfeito, ou seja, *romano*. Discurso exatamente oposto ao agostiniano, que negava a Roma até mesmo o título de *respublica*. O império de Dante governa, freia, cavalga a natureza humana vulnerada, mas sobretudo a guia – a guia à felicidade terrena, que é fim em si *perfeito*. Subsistir outro fim não tira nada à 'autonomia' e à perfeição em si daquele político. Assim como a pesquisa filosófico-científica não é 'infeliz' por causa de seu renovar-se, mas plenamente satisfeita, *feliz*, toda vez que chega a certos e evidentes resultados (é essa a doutrina fundamental do *Convivio*). Poderíamos, na verdade, nos perguntar: se não se realiza a paz terrena, que é missão exclusiva do Monarca, é possível perseguir mesmo assim o Fim espiritual último? A conclusão do *De Monarquia* permanece porém pouco clara. Mas que seja Beatrice a esperar-nos quando chegarmos ao fim terreno na *Divina comédia* não significa de forma alguma que esse fim permaneça imperfeito, que o império careça, para realizar a própria forma, de uma nova guia. A águia está assim entre os grandes signos do Paraíso, como Trajano entre os beatos. Em Dante e Agostinho é a mesma exigência de pensar a soberania política como remédio à *natura vulnerata*. Mas esse remédio («*remedia contra infirmitatem peccati*») para Dante não pode ser simplesmente *solacium*! O homem necessita de uma medicina potente, de um fármaco quase salvífico. Do qual o homem pode dotar-se mediante apenas as forças da razão. Aqui talvez seja possível ver um 'trânsito' teológico entre *De Monarchia* e *Convivio*, de um lado, e a *Divina Comédia*, do outro: no poema, de fato, a própria razão (Virgílio) que nos guia ao Paraíso terrestre é enviada, *anjo*. Perguntemo-nos: é necessária uma intervenção do alto também para *mover* nosso intelecto? Sem que suas formas nos sejam dadas, nada podemos compreender? As palavras de Beatrice no canto XXXII do *Purgatório* aludem nesse sentido a um erro de Dante?[30] Creio que em Dante não mude absolutamente o sentido da autonomia racional da forma império, mas que o mais doloroso desencanto sobre a possibilidade de sua *renovatio* conduz a uma espécie de invocação da ajuda divina. É uma fé forjada no vórtice de desilusões, naufrágios, derrotas – uma fé *trágica* que, entretanto, nada renega da própria *filosofia*.

Também para Dante a autoridade vem do alto. Mas é a Palavra Divina, precisamente, que exige que *im-*

30 | *Vexata quaestio* a 'passagem' entre o *De Monarquia e a Divina comédia*: fundamentais, para a leitura aqui esboçada, as contribuições de B. Nardi em *Saggi di filosofia dantesca* (1930; Florença, 1967).

pério seja a soberania política, e império racionalmente autônomo. Se à autoridade espiritual um 'primado' pode ser reconhecido, é exclusivamente o da misericórdia *paternitas*. Um 'primado' que se expressa no *poder* da Igreja de fazer-se radicalmente humilde, pobre, evangélica. Que significa apresentar-se ao mundo nua, impotente, *crucifixa*. *Verbum abbreviatum*, em suma: é Francisco a salvação da Igreja. E, somente alçando a cruz de Francisco, a Igreja poderá custodiar também a própria *paternitas* em relação à autoridade política. Somente uma Igreja que, confessando abertamente não ser a cidade de Deus 'em ato', renuncie *radicitus* a qualquer poder terreno poderá continuar a ser ouvida e valer no século. Somente um império que rejeite qualquer compromisso com a Igreja na gestão do poder político terá a obrigação de reconhecer sua *paternitas*, ajudará, por sua vez, a Igreja a reencontrar a si mesma. Dois Sóis, assim, que de modo tão mais providencial *contemporaneamente* guiam nossa natureza ferida, quanto mais *autônoma* e inconfundível brilha a luz de cada um. *Plenitudo potestatis* a de ambos!

A grandiosa profecia dantesca responde portanto ao drama representado em torno da figura do *katechon*. Mas, se o poder político sem *auctoritas* de Agostinho nem mesmo pode garantir a segurança dos *cives*, e se o fim racional da felicidade em terra é alcançável unicamente através da forma império, como poderá este sol consentir outro sol a seu lado? Dante exalta Roma – mas Roma não existe sem *religio civilis*. O desenho dantesco não pode confrontar-se com a feroz crítica. Roma não se rege sem o *culto* de Roma, sem a mesma teologia *fabulosa* que até os sábios haviam rejeitado. Dante pensa cristianamente em um império totalmente secularizado. Mas não se dá autoridade imperial sem *culto de si*. Não se dá *civitas* sem *seus* deuses, os deuses que nela têm a própria sede, que a ela garantem poder, e entre os quais na Roma imperial também estava o deus *imperator*. Para Dante, e não poderia ser diferente, *Auctor* de ambos os Sóis é a providência divina, que os quer estreitos na harmonia, da qual já se falou. Portanto, o império, que não reconhece à Igreja nenhuma autoridade sobre si, deve mesmo assim venerar a transcendência do *Auctor* divino. Seu poder não poderá, por essa razão, jamais ser considerado absoluto. Mas quem tem vocação à 'exegese' do supremo Absoluto? Quem é depositário de sua Palavra última? Decerto não o império, mas a Igreja, chamada a regenerar-se precisamente com tal fim. E como poderia semelhante primado espiritual não se encarnar também no terreno do confronto histórico-político? Regressam assim, prepotentemente, todas as contradições que analisamos até aqui.

Dante é consciente disso, e sua 'solução' soa como um desesperado apelo a uma virtude que não é política, mas teologal. Império e Igreja são representantes do Autor, e são interpretados como *nomina relationis*. A distinção entre as dimensões deveria, desse modo, ser entendida quase *em analogia* à vida do Deus-Trinitas, mas o nexo inconfundível entre elas é o amor, *caritas-ágape*. Portanto os poderes que estas encarnam podem conter-se em seus limites e desempenhar a própria missão somente se, a um tempo, *se amam* uns aos outros. Ou seja, não basta tê-los estabelecido em sua autonomia, nem ter considerado ambos como providenciais – é necessário que haja ágape entre eles, para que não tendam a invadir-se reciprocamente, impor-se, confundir-se. O *realismo* de Agostinho já havia julgado impossível tal perspectiva; a sua cidade do homem não é absolutamente exigida essa forma de amor. Assim como o *realismo* de Dante demonstrou a impotência de um soberano que não seja dotado de *auctoritas* intrínseca, e que se reduza, de fato, à forma do *katechon*. Agostinho e Dante marcam, então, a máxima distância *no* símbolo que pretende que as duas cidades – a Igreja, o império, toda forma de poder político –, sejam, de um modo ou de outro, *representantes do alto*. Dante pode convictamente exaltar Agostinho no empíreo porque comum é o símbolo. Mas nunca como nesse caso o símbolo é *concordia oppositorum*.

Pode-se dizer que a época marcada por esse símbolo encontra sua conclusão no *Príncipe* de Maquiavel? Realismo *agostiniano* não apenas em torno dos caracteres necessariamente também *demoníacos* do poder político, mas da própria *natura vulnerata* dos *cives*, que aquele poder é chamado a conter e guiar (a dificuldade enorme de 'manter' os povos na 'decisão'). O espaço da *virtus* (tragicamente interpretada, estranha a qualquer forma de nostalgia de *mediocritas*) é inexoravelmente separado daquele do *ágape*. O declínio da própria ideia de uma *respublica christiana* é condição e pressuposto para que se possa *raciocinar* política efetiva e tornar eficaz a *virtus* direcionada a realizar e conservar o *Estado*. Mas por acaso se solucionou assim o problema da relação entre aspecto katekhontico e aspecto 'imperial' do Político? A arte de conservar o principado deve ser bem distinta da que se requer para conquistá-lo. A virtude que mantém em forma o Estado é de natureza diversa da que o vence. E assim o «introdutor» ou o *inovador* em geral (por quanto tenha sempre que fazer tesouro da experiência do passado e de seus grandes *exempla*) possui uma missão, um *Beruf*, que o distingue daquele que deve manter um Estado herdado ou até mesmo adquirido e acrescentado ao 'Estado herdado'. É a figura do duque Valentino, Cesare Borgia, a que encarna a virtude necessária para conquistar o principado? É ele o exemplo do 'príncipe novo', síntese de grandes projetos, capacidades realizadoras, «astúcias fortunadas»? É ele o «animal político», acordo entre o logos de Quíron, a raposa e o leão, que Maquiavel teoriza no celebríssimo capítulo XVIII de *O Príncipe*? O poder que exercita um autêntico *duce* se distingue do que rege um «principado civil» apenas pela maior crueldade e pela jovem inescrupulosidade que exige *regni novitas* (são os jovens de fato que devem ser levados à necessária audácia, amigos da Fortuna)? Essa opinião parece valer para Valentino, mas a *potestas* que ele encarna, para ser a de um *inovador*, carece de outro fator, muito mais essencial. E o realismo do Secretário o conhece muito bem, ainda que o lembre, talvez, a contragosto. As calculadas tramas, as habilíssimas estratégias, a arte militar do conquistador permanecem como frágeis construções se não conjugam a *virtude profética*. A conquista e a inovação radical são mais que *tékhnai*. Os profetas desarmados são certamente destinados à ruína. Mas as armas despojadas de todo espírito profético, ou abandonadas por este, dificilmente prevalecem nas contendas epocais, e, caso prevaleçam, têm um reino breve e frágil. A referência de Maquiavel a Moisés, Ciro, Teseu, Rômulo e Savonarola é reveladora desse problema – o problema irresoluto do nexo *potestas-auctoritas*. Nenhuma simples secularização do conceito de práxis pode eliminá-lo. Mas todo 'profetismo' no espaço do Político conflitará inexoravelmente com o do *sacerdotium*. Só em Roma as duas dimensões se reduzem a uma perspectiva que não deve ser perseguida de modo algum, já que coincide com a decadência e a morte da *res publica* e de seus *constituintes* produtivos conflitos.

Maquiavel «mascara» a aporia, fingindo que para vencer e manter o Estado valem substancialmente as mesmas armas. Mas o fim é diferente e diferentes são os meios. Diferente a começar pela *virtus* exigida. O centauro-conquistador, o centauro que *impera*, deve conter em si também o profeta. Seu fim, ou seja, o fim de sua *libido*, não poderá ter relação apenas com a aquisição de um *Estado*, com sua garantia de um domínio estável, temporal-espacialmente circunscrito, senão como plataforma, fundamento de conquistas ulteriores, não apenas materiais. A paixão do império é universal por natureza. E, todavia, o império deverá ser *em si* também poder kathekhontico. Maquiavel louva Valentino essencialmente por ter pacificado as Romanhas, ter garantido *segurança* a suas gentes. A impetuosa dureza, jamais 'selvagem', de sua tomada do poder e dos meios usados para mantê-lo é justificada por esse fim. A aporia, assim, se desenvolve e aprofunda: para conquistar um Estado, ou *radictus* mudando sua constituição, ocorre *virtus* extraordinária respeito aquela suficiente para regê-lo. Mas o mesmo centauro capaz desse feito deveria sucessivamente quase 'naturalmente' saber se converter em sábio e prudente garante da ordem estabelecida, quase 'esquecendo' o universalismo profético que o havia decidido a atuar. A parte final do *Príncipe* não deixa margem a dúvida: o herói político de Maquiavel é, acima de tudo, o que assume sobre si um grande «assunto», o inovador-revolucionário, e que se *arma* para realizá-lo, para em seguida, porém, concentrar toda sua inteligência no fazer estar o próprio domínio. Isso significa saber *conter* sua própria natureza! A referência ao profetismo, a sua necessidade para a formação de um povo e por isso de uma *res publica*, que não imploda em *coetus multitudinis*, é assim, 'laicamente', suspensa. Mas por isso mesmo o nó que aproxima e separa *potestas* e *auctoritas*, poder kathekhontico e império, *tékhne* política e soberania espiritual, o espaço do Político e o da profecia, permanece irresoluto – nó górdio que somente caso a caso pode ser *de-cidido*. O realismo maquiavélico mostra ser consciente, *contra* 'seus maiores', de Agostinho a Dante.

IX
O Inquisidor

O olhar de Agostinho e Dante é afim, na mais radical distância, também em considerar que o poder político é de todo modo remédio ao pecado da impaciência, denunciado por Paulo em nossa epístola. Mas, para uma mente apocalíptica, que abrace a perspectiva histórica no instante da decisão, não apenas o tempo do império mas também o do *katechon* podem acabar confundindo-se com a plena afirmação do Anticristo. Todavia, se essa mente é de fato inspirada, ela conseguirá também iluminar as diferenças, as tensões, o *agonismo* que entrecruzam seus destinos. É essa a lívida luz que emana da *Lenda do Grande Inquisidor*.[31]

O Inquisidor vem 'de nós', e assim do profundo do 'nós', para recordar em sua figura o ícone de um Ancião. Dostoiévski retoma exatamente o motivo da epístola, enfatizado por Agostinho. A anticristicidade que o Inquisidor professa é rigorosa: nenhuma negação da existência histórica de Jesus; nenhum ateísmo; nem mesmo, se bem observado, a crítica do nexo paulino entre Jesus e o Cristo, mas a prepotente instância de despedaçar todo símbolo entre divino e humano, a afirmação da intranscendentalidade do *vulnus* que torna impotente o ser-aí no ser livre. A anticristicidade devém para ele condição do agir katekhontico - mas como contenção do espírito da anomia, entendida como energia puramente destrutiva. É do *nomos* da cruz que para ele tal energia se libera inexoravelmente. Esse *nomos* escancara o abismo da liberdade, no qual

31 | As páginas que seguem poderão ser entendidas somente em diálogo com as grandes, e conflitantes, interpretações da Lenda feitas por Soloviov, Rozanov e Shestov: para uma síntese destas, ver S. Givone, *Dostoevskij e la filosofia*, Bari, 1984.

o homem, insalvável infante, pode apenas precipitar. Esse *nomos* pressupõe um ser-aí *capax Dei*, que se expressa, em suma, como vazio dever ou anélito. Ou que poderia encarnar-se, se não fosse de todos os meios contido, somente na forma da anarquia – até a *antropofagia*.O Inquisidor sabe, do desencantado *katechon*, que nenhuma ordem poderia durar (e uma ordem é tal *somente* quando se realiza e perdura) sem ser dotada também de energia espiritual. Não apenas com o pão se domina o homem. A distribuição (*justiça distributiva*) do pão é, sem dúvida, o fundamento de todo poder – mas é necessário também que a mão que o concede seja ao menos reverenciada e temida, se não pode ser amada. (E isso acontece, em particular, quando se crê que a mão que distribui o pão é a mesma que o cria.) Assim o *katechon* é 'perfeito' – e a essa sua forma mira o Inquisidor. Ele não quer tanto frear ou parar, mas sim conter perfeitamente em si o que considera ser a irrefreável pulsão à anomia por parte da multidão. O homem é um *servo rebelde*, ele afirma – e aquele que anuncia sua capacidade de ser livre como poder do corresponder, do fazer-se próximos, do dever, ou mentiu ou nunca o conheceu. Ou seja, o Inquisidor é figura que está também *além* daquela katekhontica, e sua antropologia coincide exatamente com a do último homem nietzschiano. Ele personifica o movimento pelo qual o *katechon* se supera, e a instância, que, no entanto, o animava a conter em si as pulsões destrutivas, na perspectiva de uma sempre possível *conversio*, se fecha definitivamente. *Katechon* se traduz para ele em poder coercitivo, 'aberto' a nada, dado que em nada se transcende, em nada é 'redimível', a própria natureza do ser-aí. A ela, principalmente se a ama, é necessário, pelo contrário, garantir sobrevivência, segurança e paz. O Inquisidor encarna um *katechon* que já destruiu qualquer mediação entre povo e Anticristo – assim o *katechon* que opera objetivamente como um perfeito revolucionário, à frente para destruir todo *nomos*. O Inquisidor é da parte dos 'demônios' fingindo ser seu radical opositor. Ele representa ao mesmo tempo Bakunin e Zar (por isso se torna figura-chave da filosofia política de Schmitt).

O Inquisidor talvez esconda em si uma história que não nos é narrada. Iniciou sua viagem fora do deserto imaginando se tornar *katechon*, no sentido de poder conceder ao homem todo o tempo necessário a fazer-se livre, a fazer-se imitador do *Liber-filius*? Era, assim, fiel à promessa-esperança de redenção, na espera da Sua *parusia*? Sua face nos leva a crê-lo. Mas na cidade *cainita* encontrou os homens. E assim assumiu a *facies* do *katechon* que em si devia conter soberania mundana e poder espiritual. *Facies*, todavia, ainda insegura, colocada em uma perspectiva escatológica. Somente uma radical *desperatio de homine* podia anulá-la para sempre. Nenhum ateísmo, nenhuma negação de Deus, como se se tratasse de um discurso qualquer, mas experiência trágica que a divino-humanidade de Jesus, o Cristo, contradiz *in toto* a ideia que o mundo tem de Deus e do homem. Àquele que fora santo asceta o homem se apresenta, portanto, *naturaliter* incapaz da liberdade que na divino-humanidade do Cristo se exprime. E só um destino katekhontico 'perfeito', ou seja, que em si supere o próprio sentido originário do *katechon*, que se apresentou diante dele como o único fim que se pode perseguir e, ao mesmo tempo, como uma muralha intransponível.

O Inquisidor não é um *legatus* do *Antikeimenos* – «vem de nós». Pertence à Era cuja última medida é aquela sobre-humana liberdade expressada no filho. Mas ao Inquisidor esta se revelou o *impossível* e basta: pensá-la como o *possível último* é render o agir humano delirante, antes, e enfim, infeliz. A paciência deve transformar-se em arte de sobreviver e durar. A força da instituição, que freia e contém, em instituição 'total', fim em si mesma. E assim a consciência do ser-aí em desencantado desespero sobre a possibilidade de sua transcendência, sobre a *ek-staticidade* de sua natureza. Mas aqui a contradição explode. O *katechon* 'perfeito' é aquele que decai, que termina de ser tal. Não apenas porque, contradizendo *radicitus* o sentido do Anúncio, se coloca já agora da parte do Anticristo; não apenas porque considera o homem exatamente na perspectiva deste. Mas porque exclui do fundamento de tal 'saber' toda ulterioridade, já por certo o *pleroma* do *An-*

tikeimenos. Em suma, o Inquisidor é figura inconsciente do *eschaton* – não figura que o atrasa, capaz de operar em uma dilação, mas figura *em atraso*, que mascara a própria impotência, iludindo-se de possuir uma energia katekhontica que suas próprias palavras mostram consumada, exausta.

O beijo de Jesus no fim do relato é o beijo àqueles que não sabem o que são, e por isso ignoram o que fazem. O Inquisidor o adverte, e ante ele treme. Não intui nada que possa fazer para reter o Juízo. Este virá, e lhe parecerá profundamente injusto, pois o critério que se formulará para ele é alheio à natureza do homem e de sua história. É exatamente o critério desse beijo que o condena *ora*. 'Injusto' porque oposto a qualquer lógica de retribuição ou de troca. Mas capaz de condená-lo à infelicidade.

O 'perfeito' *katechon* ignora representar o preciso *ser-sido*. É no 'corpo' do Anticristo, apesar de vir «de nós». Mostra sua diferente proveniência precisamente em seu querer ainda reter, enquanto em seu próprio agir se revela que a Era é realizada – que o *Antikeime-*

nos já está sozinho diante do sopro da boca do Senhor, para ser eliminado quando o Senhor quiser. O *Antikeimenos* esperava esse instante com absoluta impaciência – diferentemente daquele que acreditava, *patibilis et patiens*, a imagem de seu Deus na cruz. O Anticristo em si é prepotência que destrói tudo o que freia, porque no que freia pode se ocultar também o lugar da prece de conversão. Ao afirmar a impossibilidade 'lógica' desta, o Inquisidor proclama a definitiva vitória da apostasia – mas também, com isso mesmo, já acontecida a própria morte. Se o tempo da espera é realizado, não há mais nada a ser contido. E aqueles homens, infantes, que o Inquisidor pretendia custodiar em sua própria miséria, se transformam em seus vencedores.

Enquanto princípio da negação, o Anticristo anela sua própria destruição. Isso ele confessa a Ivan Karamázov. Sua lógica é inexorável, diferente daquela do Inquisidor, que insiste no absurdo de pensar infinito o próprio momento, de conceber-se contraditoriamente, ao mesmo tempo, como *katechon* e *eschaton*, como época e Era, como Era e Reino, enquanto na realidade sua figura está a serviço do desvelamento do último homem, cuja energia constitui a vida do Anticristo. Quem 'se vai', ao cabo da grandiosa 'cena' dostoievskiana, é o próprio Inquisidor. Ora o lugar é completamente 'livre' para a apostasia. Mas esta, sendo necessariamente também apostasia *de si*, *secessio* da própria vontade de ser, deixa por sua vez aberto o possível do Sim, do qual é imagem e presságio do beijo que o Inquisidor sofre. Apostasia e incondicionado Sim estão já um de frente para o outro. O que se coloca no meio, ou o que contém e atrasa o confronto, já é somente um 'assim foi', ainda que a energia que dele emana possa durar milênios, como a luz de uma estrela morte.

Interpretada dessa maneira a *Lenda do Grande Inquisidor* representa o meridiano extremo da história das formas katekhonticas (e não decerto mera forma política ou simples expressão de vontade de poder, como Aliócha gostaria de acreditar). A teologia política se configura essencialmente como reflexão sobre tal história. No *katechon* confluem finitude do Político e *auctoritas* espiritual, paciência da espera e idolatria da instituição mundana, vontade de conter e colocar em forma o 'subsolo' sempre potencialmente anárquico dos apetites, das necessidades, dos instintos, e a insuprimível nostalgia de santidade (como não notá-la também no Inquisidor?). Mas nenhum compromisso dialético pode prosperar entre essas dimensões; nem dão vida a nenhuma *catholica concordia oppositorum*. Assim como em Dostoiévski não há uma passagem na qual o Mal possa ser vencido pelo Bem[32] (ainda que pudesse resultar dialético o próprio autonegar-se do Mal, obrigado por sua lógica intrínseca a aniquilar-se - isso permanece porém, em Dostoiévski, um puro possível), assim todas as diferentes *facies* do *katechon* se contrapõem e conflitam, não podendo de forma alguma chegar a uma síntese: a reduzível a forma política, a que compete com a *auctoritas* religioso-espiritual, aquela que tende à ideia teocrática, aquela que sente como

32 | Sobre este tema insiste com particular força L. Pareyson em seus estudos fundamentais sobre Dostoiévski, reunidos em *Dostoevskij: filosofia, romanzo ed esperienza religiosa*, Turim, 1993.

própria missão o 'dar tempo', misericordioso frear a catástrofe última, aquela caracterizada, ao contrário, por uma insuperável *desperatio de homine*, até confundir-se com a proclamação da vinda do próprio Anticristo. Cada época apresenta combinações peculiares das *facies* do *katechon*, enfatizando certos aspectos e não outros. Mas, independente da forma que o poder tenha incorporado nesta Era, sempre terminou por representar como caráter próprio do *daimon* ao menos uma dessas. É na figura do grande Inquisidor que essas faces encontram sua destinação comum? É nela que declinam os poderes katekhonticos, e com estes, a Era?

Se a obra do *katechon* pudesse algum dia concluir-se em si, resultar autônoma, o Juízo nos seria poupado. Mas o Juízo é imanente a esta Era; e toda decisão dentro dela é, conscientemente ou não, imagem. Ao cabo precisamente, a figura que pretenderia eternizar o poder katekhontico se revelou a nós em toda sua impotência. Ela manifesta apenas o alastrante ímpeto da multidão que compõe o próprio 'corpo' do Anticristo. Ela não retém mais nada, mas se rende a esse ímpeto. E o sopro da boca do Senhor, seu beijo, a *ab-solve* para sempre. Por outro lado, o Inquisidor é já por si mesmo julgado, confessando a própria infelicidade, ou seja, o falecimento da própria missão.

Mas sua missão não era evitável. Oh, quanto teria preferido permanecer em seu deserto, alimentar-se de lagostas, esperar em solitária oração o *consummatum est*! Mas alguém tinha que assumir a parte – e levá-la até o fim, a ponto de confessar a própria impotência, a ponto de render-se ao Anticristo. Esse é o cálice que o Inquisidor bebe, consciente e livremente, até a última gota. A extrema figura da apostasia deve ser, de fato, a *secessio* da fé – mas não a fé da multidão supersticiosa dos últimos homens, e sim a da própria Igreja, que já não crê na energia do Verbo, que predica os únicos, verdadeiros *milagres*, os do amar do ser livre. O último sinal dos poderes katekhonticos é esse pecado de desespero. Quando caem nele, já é o fim – o Anticristo, os anticristos desembaraçam-se deles. Saberão procurar o pão por si mesmos ou exigi-lo sem prece, sem atos de submissão. O *katechon* descobrirá que seu poder de contenção vinha *ainda* da fé do agir na perspectiva da *conversio*, do *se re-volver* do homem inteiro em direção à impossível medida de liberdade, da qual Jesus é ícone. Mas o *katechon*, como tal, precisamente a essa medida, por quanto a compreenda, não pode restar fiel. Ele não pode repetir *sine glossa* o rechaço de Jesus ao Adversário; é obrigado a dar vida a poderes mundanos, a manter em forma a Era através do compromisso com suas épocas, até a destinação última dessa imane fadiga, que coincide com a perda da fé, seu naufrágio, sua impotência em resistir ante a dura lição da história: a confissão da morte não do Deus racional, abstrato do teísmo, ou do Deus Ente sumo, *causa causarum*, mas do Deus que vê quem vê o filho. É o Jesus, o Cristo, que morre, seu anúncio – é ele que, ou melhor, o Inquisidor, sua infelicidade, desejaria que nunca tivesse sido.

Era necessário que esse destino fosse assumido. O *katechon* é figura inevitável do tempo apocalíptico. Esse tempo é, sim, o da Hora; esse tempo, é sim, tudo compreendido no evento do apocalipse do filho, e no entanto contém em si como um vazio. Não uma *distensio temporis*, não a forma de uma duração, mas um *in-stante* a ser preenchido. O círculo do anel são a encarnação do Logos e seu anúncio – mas o anel vale pelo vazio que esse círculo fecha, pela figura que acolherá. O vazio é a essência do anel, nos lembra Musil. Esse vazio é seu coração, é sua vida, até o *eschaton*, no qual se desvelará quem soube resistir e permanecer livremente fiel ao chamado que desse vazio provém, os poderes katekhonticos estão destinados a agir, manifestando-se de época em época segundo as diferentes, e também opostas, perspectivas que traçamos, e em todas suas combinações. São figuras do tempo apocalíptico próprio da Era cristã; não poderiam ser concebidas de outra maneira. Todas pressupõem a *novitas* do evento do Cristo e sua *negação* por Satanás. Todas devem dar vida a formas políticas, pois todas entendem de qualquer maneira resistir no fogo de tal contraste. Portanto uma teologia política centrada no *katechon* tem sentido somente dentro de uma concepção cristã do tempo apocalíptico.

Semelhante figura não pode encontrar espaço no judaísmo, ou apenas um absolutamente marginal e óbvio, coincidindo simplesmente com a postergação mesma da vinda do Messias. Uma teologia política de marca judaica se realiza na predicação profética: o poder político e a obediência a ele, que jamais deve parecer idolátrica, são desejados por Deus e Dele provém a autoridade, mas permanecem sinais de fragilidade da fidelidade do povo à Aliança, sinais de sua *infância*. Nada os une à vinda do Messias.[33] O *katechon* se refere, por sua vez, precisamente a esta; é de sua realidade histórica que inicia a missão. O tempo do fim é *este*: *agora* se fez necessário *de*-cidir-se. Mas como enfrentar a decisão? Como armar-se para este tempo de 'exceção'? Haverá tempo para ele? Como encontrar-se *já* preparado à decisão, se *todavia tempo* não nos é concedido? A angústia dessas perguntas descreve a dimensão katekhontica.

33 | G. Scholem, «Per comprendere l'dea mssianica nell'ebraismo», in *L'idea messianica nell'ebraismo*, trad. it., Milão, 2008, em relação ao qual valem, a meu ver, as precisões e as críticas de M. Idel, *Introduzione a Mistici messianici*, trad. it., Milão, 2004.

Essa está toda no círculo desse anel. Em conjunto, essas questões formam o *inquietum cor* da Era. Mais do que indicar diferentes momentos, elas exprimem diferentes espaços, que se confrontam e contrastam, e que neste *agon* mudam de forma e direção.

O *katechon* sabe que esta Hora é a última, e não haverá outra. Mas esta Hora se mostra como um imenso campo de contradições, conflitos, decisões. Ele não inaugurará nova Era; pertence somente a esta, nela assume sua parte. Assim como para o judaísmo é terminado o tempo das profecias, para ele é terminado o tempo da sucessão das Eras. Mas para os profetas o tempo é ainda o tempo *pleno*, real da espera – agora, ao contrário, a espera se refere essencialmente ao *como* cada indivíduo vai se dispor em relação ao Anúncio, que é Evento acontecido mas sempre presente. Nenhum novo Salvador; nenhuma *novitas* ainda. A *hora novíssima* não é que o realizar-se *desta*. O Juízo se refere ao que aqui-e-agora se acredita, se diz, se opera. Decisivo e por isso espasmo de tempo, ou esse vazio. Decisiva é por isso a 'história' que nele se inscreve. Eis o sentido inaudito dessa 'história', o sentido da história própria desta Era última. Nem eterno retorno, nem ciclos, nem indefinido "enfuturar-se", mas nem mesmo progresso para uma meta que esteja abstratamente "para além". A agônica da história se contrai na decisão no tempo apocalíptico da absoluta emergência. Sobre ela grava o Anúncio: não há mais tempo, *consummatum est*. Este somente se espera, e à luz dessa espera se configura o sentido do *katechon*.

A potência desse messianismo paradoxal em relação à espera de um evento futuro (ainda que preparado desde o início dos tempos) é evidente. O tempo apocalíptico cristão se funda em um Evento que tem em si *já agora* a realização do tempo. Isso *funda* a esperança. Não se anuncia apenas a esperança, mas seu fundamento, que a todos se dirige, absolutamente universal, para além de toda distinção ética ou étnica. E esse anúncio pode dirigir-se a todos porque se conecta indissoluvelmente a um evento real, a um fato historicamente comprovável. A *parousia* não inova, mas confirma que *tudo* deve ser decidido à luz do apocalipse do filho. O seu não será tanto um retorno, mas a manifestação última de sua presença. Manifestar-se-á assim como um ladrão noturno, não importa quando. Virá como a morte. E será *morte do tempo*, incluindo o contraído e breve tempo da Hora. O tempo reabsorverá, assim, a Luz, implodirá em essência luminosa, acolhido no Deus-Luz de João. A «nova terra», com efeito, não conhece noite (Ap 21,25; 22,5). Mas essa «nova terra» encerra a Era das batalhas katekhonticas e do confronto último com o Anticristo. Ela marca seu confim insuperável. Entre esse confim e a *novitas* originária (em que tal confim já está inscrito), abre-se o campo da história. *A priori* compreensível em seu significado, porque já agora definível em sua medida. Pode-se pensar que o tempo histórico seja objeto de um *comprehendere*, que do tempo possa ter um *conceito*, e não simples *historein*, somente no espaço desta Era. Posto que dentro delas os caminhos estão traçados, os eventos não se dispersam em meras casualidades. Posto que seu mundo não é a totalidade dos casos, senão que todo acontecimento pode e deve ser referido ao confronto entre os poderes, cuja figura central é o *katechon*, visto que, em suma, seu mundo está à luz do Juízo, por isso seus 'fatos' podem ser julgados. E assim se explica a própria obra do *katechon*. Ele pode pensar conter, frear, parar, já que mostra a pretensão de *saber* o sentido do Evo. E esse saber é teológico em sua essência. Todo poder político, consciente ou não, deve ser partícipe dele.

X
A idade de Epimeteu

O que acontece, porém, quando o *katechon*, exausto, chega a seu fim, a 'tocar' a manifestação plena do Anticristo? Quando os poderes terrenas e espirituais já não contêm seu 'ímpeto', nem mesmo ao preço de assumi-lo em si? No espaço do tempo apocalíptico, a 'medida' katekhontica permitia ainda, mesmo que fragilmente, saber, recordar e prever. O poder que consentia crer na síntese de tempo e conceito, 'projetar' a história, organizando-contendo suas energias e sujeitos, era poder prometeico. Em sua dimensão mais alta e forte, o *katechon* pertence a essa família de Titãs. Porém, ao final, quando o tempo do fim foi realizado, é outra *persona* da própria estirpe que dominará: Epimeteu. E quem quer que creia poder assumir uma função katekhontica terá que se vestir dessa *persona*.

Muda o sentido da 'sabedoria' política. A do *katechon* 'clássico' estudava, sim, o possível, mas não renunciava a especular sobre o ótimo. Sua forma era, sim, emprenhada de temperança e *mesotes*, e no entanto de forma alguma redutível a *tékhne*, pois confirmava em cada um de seus aspectos a proveniência 'do alto'. Para poder conter, o *katechon* acreditava necessária uma *sophia* capaz de representar um 'bem comum', e o Comum não poderá jamais ser o resultado dos interesses particulares. Estes podem ser combinados-confundidos só ocasionalmente, e a habilidade que consiste em fazê-los, por quanto possível, conviver pacificamente não é, enfim, *sophrosyne*. A dissolução da forma katekhontica se origina em seu próprio interior, «vem de nós», como se viu. Inicia com a crítica da ideia de império, prossegue com a de todos 'deus mortal', e, por fim, corrói lógica-filosoficamente a realidade do Estado, *de*-ssubstancializa-o, espolia-o de toda *auctoritas*, denuncia sua natureza de ficção ideológica, demonstra a impossibilidade de superar o plano absolutamente horizontal da rede dos conflitos e dos interesses. Essa formidável linha de pensamento amadurece no íntimo da dimensão katekhontica e, como se viu, de modo mais propriamente teológico-político, chega a 'tocar' a plena manifestação do *Antikeimenos*.

O pensamento conservador considera que essa passagem marca a vitória do *chaos* e da anomia como *chaos*. Mas não é de forma alguma assim. Aquele da anomia, como já se disse, é um *sistema* – ou melhor, é *o* sistema-mundo. Nisso é impensável uma ordem 'territorializada', como a sempre pressuposta pelo *katechon*. É impensável uma fonte do poder que transcenda seu funcionamento imanente – uma *ideia* da qual seu exercício dependa e à qual remeta. A lei à qual os últimos homens obedecem não se impõe como o fruto de decisões soberanas, nem é ditada em vista do conseguimento de um estado que transcenda a existente. Ela deve valer puramente como a expressão das exigências 'naturais' de funcionamento do sistema, do 'óbvio' respeito das regras graças às quais o aparato trabalha. A anomia apocalíptica deve ser compreendida como queda do *nomos*, no sentido que este porém assumia dentro do símbolo teológico-político do *katechon*, e de forma alguma como sinônimo de anarquia. *Nomos* representava o Comum, como tal propriedade de ninguém, o 'bem' de uma comunidade histórica e culturalmente determinada. Anomia quer indicar um tempo 'livre' de determinações espaciais, no qual o indivíduo não tolera ser 'representado', salvo pela impessoalidade das normas que parecem estar na base do funcionamento e do 'sucesso' dos poderes dos quais ele reconhece que depende sua própria *vida*.

Tais potências, assim, subvertem a forma do *katechon*. Mas essa forma era a única que permitia prever, posto que é possível prever somente o que de alguma forma seja também *pro-jeto*. Pre-vejo somente pensando desempenhar uma ação subjetivamente determinante; pre-vejo à medida que penso ter energia para realizar meu projeto. Qualquer previsão se reduz a uma extrapolação da situação que de fato não apenas desmorone a ideia katekhontica-prometeica. Seria essa uma ficção ideológica? É plausível – mas no momento em que ela deixa de *valer*, prever *cum auctoritate* se faz impossível; o horizonte precipita em nosso próprio olhar, e assim a simples administração ou gestão das contradições e dos 'defeitos' do sistema-mundo se torna pouco a pouco cada vez mais árdua. Como curar, então, quando se perde toda e qualquer ideia de 'saúde'?

É a grandiosa revanche de Epimeteu, no momento em que o irmão pensava representar e celebrar o próprio triunfo. Não se dizia, justamente, que, finda a grande guerra civil europeia-ocidental, renovada a vitória de Áccio, um império se teria formado, ou melhor: se estava já formando, culminação da idade prometeica, capaz de conter e guiar, de *potestas* e *auctoritas*, poderoso tanto em seu aparato técnico quanto em sua energia espiritual, bem radicado como o antigo *nomos* e ao mesmo tempo pre-vidente e audaz na universalidade de seus projetos? Isso narrava a fábula, confundindo as cores do crepúsculo com as do alvorecer. A idade prometeica só se afirmava em sua realização – realização essa que havia, justamente, previsto. Sua energia titânica serviu para conter, antes, e demolir, por fim, tudo o que se opunha ao universalismo da própria ideia. Tensão ou contradição que constitui a própria vida da forma katekhontica: por um lado, esta não pode admitir a autonomia da parte, do indivíduo em relação ao todo; por outro, há em si a necessidade de enraizar-se em um *nomos*, de determinar-se ou 'individualizar-se'. Em sua realização-ocaso o destino do *katechon* consiste em querer conter em si *the Globe*.

Mas aqui emerge a 'apocalíptica' aporia. Não é possível *nomos* do Mundo, assim como não há *a* Lei da natureza. Existem apenas *estas* leis determinadas. E, *além* dessas, existem forças, poderes decisivos que atuam no plano global e produzem com base nas normas internas ao próprio funcionamento. Mas esses são por natureza estranhos a qualquer legislação 'do alto', intolerantes de todo *katechon*. E por essa razão substancialmente imprevisíveis. Não apenas porque a complexidade das relações a que dão lugar, atravessando diferentes ordenamentos institucionais, direitos, procedimentos, é literalmente incontível, mas porque a vontade de cada um *não sabe* os efeitos do próprio *impetus* sobre o plano global, efeitos que, por sua vez, resultarão decisivos em determinar a própria, indivídua figura. O que cada uma 'sabe' é apenas tentar desenvolver o próprio poder *até onde pode*. Isso representa o movimento que 'de baixo' convulsiona o poder katekhontico; mas é um movimento indistinguível do outro, que o demole por dentro, e que nos representamos em sua *facies* prometeica. Trata-se de duas faces do mesmo processo.

Diante da crise inevitável das ordens katekhontico-prometeicas os apelos ao Político soam impotentes reações. Toda forma política tende necessariamente a se transformar em uma função dos mesmos poderes fisiologicamente insatisfeitos com seu primado. Seguimos esse processo *sub specie* teológico-política, porém pode-se fazê-lo de modo histórico-social. O Político não pode mais pretender alguma 'autoridade' que não se apresente 'a serviço' do funcionamento do sistema técnico-econômico. Isso vale exclusivamente como parte das élites que o administram, como nó das redes que elas compõem. E isso parece de novo perfeitamente análogo ao processo que cumpre 'de baixo': intolerância de uma soberania 'pessoal', de qualquer ideia ou 'guia' transcendente ao 'mecanismo'. Tudo 'se mantém': dessubstancialização do mundo econômico-financeiro, erradicação dos poderes katekhonticos; obediência por parte do indivíduo somente às normas que lhe pareçam necessárias à satisfação das próprias necessidades, incontíveis em linha de princípio.

Marcará esse sistema-mundo o advento do *Placidus*? Certamente não no sentido que Epimeteu parece prometer, isto é, no sentido que o 'fechamento' da perspectiva prometeica torna possível a redução de todo conflito ao *calcolemus* e ao fim da luta entre os poderes pela hegemonia. Mas sim no sentido escatológico da inauguração de um espaço de *crises permanentes*, de passagem de crise a crise sem solução de continuidade, sem armistícios e menos ainda sem paz. O reino do *Placidus* é o oposto de unidade indistinta. A *elite* que o governa está longe de expressar uma unidade de comando – identidade que somente uma prometeica direcionada a um fim, estrategicamente 'enfuturante', poderia tornar pensável. A impersonalidade do Soberano comporta, ao contrário, a afirmação do caráter irredutivelmente policéfalo do poder, ou melhor, a contínua competição entre suas diferentes funções para a afirmação de cada uma como a verdadeira intérprete e representante da Lei imanente ao sistema. O fundamento comum da 'visão de mundo' delas – ou seja, a incontrastável *fé* no fato de que todo problema dotado de sentido seja expresso de forma técnico-administrativa, e de que pode resolver-se somente por meio do poder do aparato técnico-administrativo –,[34] longe de tornar

34 | A crítica de tal fé constitui, a meu ver, o núcleo histórico-filosófico mais relevante da obra de Ernst Jünger, a partir do momento em que falta o timbro 'expressionista' de *O Trabalhador* (1932) e *A mobilitação total* (1930; sucessivamente em *Folhas e pedras*). Seus trabalhos mais significativos nesse sentido ainda permanecem, a meu ver, *Der gordische Knoten* (1953); *An der Zeitmauer* (1959); e o mais tardio *Zwei Mal Halley* (1987). O que talvez falte a Jünger é perceber que o próprio fato de que a onipotência da Técnica possa ser apenas acreditada torna impossível conceber o *Weltstaat*, o

menos áspero o conflito, tende continuamente a exasperá-lo. Teologicamente, todas as formas do poder epimeteico exprimem a apostasia, mas porque cada uma se afirma individualmente 'livre' e, no fim das contas, *ab-soluta* com respeito às outras, porque nenhuma concebe de fato um respeito a si 'ulterior', e ainda menos aguenta ser regulada ou codificada por outro além dela mesma, resulta ao fim inevitável a competição perene. Nada é mais irrealístico que conceber o sistema-mundo como compactamente regulado por *arcana imperii*. Isso significa projetar sobre sua imagem a do *katechon* mais forte. Mas a Era katekhontica-cristã é a das grandes guerras e das grandes revoluções. A de Epimeteu será, antes de tudo, a Era da *insecuritas* e das crises perma-

sistema-mundo (ver seu ensaio de 1960), como conclusão da Era. Jünger, por outro lado, parece compartilhar com Schmitt a ideia de que a queda das formas katekhonticas (às quais pertenceria, assim, também o *Weltstaat*) coincidiria com o 'reino' da anarquia, do qual agora seria a imagem presságio a porosidade de todos os termos-chave da linguagem teológico-politica: responsabilidade, liberdade, guerra, paz etc.

nentes. Teologicamente, esta pode representar apenas o último espasmo do tempo antes da *Decisão*; politicamente, sua duração é imprevisível, como se fazem cada vez mais imprevisíveis seus momentos, à medida que seu ímpeto enfraquece, até demoli-los, os ordenamentos katekhonticos.

O *momento do Antikeimenos* não é por isso o da Tirania mais ou menos feroz, mas sim o da autonomização das esferas de poder e do conflito entre elas à 'luz' da apostasia. Os diferentes domínios - econômico, financeiro, político, jurídico, técnico-cientifico - competirão tão mais duramente, quanto mais comum se fará sua *Weltanschauung* (que é a do sistema-mundo, em todo seu caráter aporético estrutural). Nessa competição, livres de ordenamentos sobreordenados, deverão mudar sua configuração e sua própria normativa interna. Assim, antes de mais nada, a antiga soberania estatal, verdadeiro modelo de *katechon*, deverá 'superar-se', recolocando-se em uma dimensão que, de um lado, a tornará sempre mais *relativa*, e, do outro, a obrigará a dar vida a 'grandes espaços', que, pelas razões que derivam de tudo o que sustentamos até aqui, só poderá ser frágil *simia* do império. A norma jurídica, por seu lado, terá que se adequar ao centáurico jusnaturalismo artificial a que nos referimos quando se invocam as 'leis' da economia e do mercado. O 'cérebro social', produtor de inovação, por sua vez, despojando-se de toda 'aurática' autonomia, deverá, para competir eficazmente, manifestar-se como produção de formas de vida: ou melhor, como essa lei que as estrutura de seu próprio interior.

Tempos e modalidade dessas transformações a Epimeteu não é dado saber. O que a *crise permanente* permite hoje razoavelmente afirmar é que delas não surgirão novos poderes katekhonticos. Emergirão talvez 'grandes espaços' em competição, 'guiados' por élites que, mesmo em conflito com seus diferentes poderes, são caracterizadas todas pela intolerância absoluta em relação a qualquer poder que transcenda da apostasia comum com respeito à Era cristã. Muito mais não parece possível saber. Prometeu se retirou – ou foi novamente crucificado em sua rocha. E Epimeteu corre pelo globo, destampando sempre novas caixas de Pandora.

Textos

Paulo

(2, *1*) Quando à *parusia* de nosso Senhor Jesus Cristo, e à nossa reunião com ele, rogamo-vos, irmãos, (2, *2*) que não percais tão depressa a serenidade de espírito, e não vos perturbeis nem por palavra profética, nem por carta que se diga vir de nós, como se o Dia do Senhor já estivesse próximo. (2, *3*) Não vos deixeis enganar de modo algum por pessoa alguma; porque deve vir primeiro a *apostasia* [*discessio*], e o apocalipse do homem da *anomia* [*homo iniquitatis*], o filho da *perdição* [*filius perditiones*; *apoleia*], (2, *4*) o Adversário [*qui adversatur, ho antikeimenos*], que se levanta contra tudo que se chama Deus, ou recebe um culto, chegando a sentar-se pessoalmente no templo de Deus [*in templo*; *eis ton naon*], e querendo passar por Deus. (2, *5*) Não vos lembrais de que vos dizia isto quando ainda estava convosco? (2, *6*) Agora também sabeis o que é que ainda o retém [*to katechon*], para aparecer só a seu tempo. (2, *7*) Pois o mistério da impiedade já está agindo, só é necessário que seja afastado [*de medio fiat, ek mesou genetai*] aquele que ainda o retém [*ho katechon*]! (2, *8*) Então será o apocalipses do *Anomos* [*Iniquus*], aquele que o Senhor destruirá com o sopro de sua boca, e o suprimirá pela manifestação de sua Vinda [*parusia*]. (2, *9*) Ora, do *Anomos* cuja *parusia* será assinalada pela atividade de Satanás, com toda a sorte de portentos, milagres e prodígios mentirosos, (2, *10*) e por todas as seduções da injustiça, para aqueles que se perdem, porque não acolheram o amor de verdade, a fim de serem salvos. (2, *11*) É por isso que Deus lhes manda o poder da sedução, para acreditarem na mentira (2, *12*) e serem condenados, todos os que não creram na verdade, mas antes consentiram na injustiça [*adikia*].

Segunda epístola aos tessalonicenses 2,1-12

Irineu de Lyon
(Esmirna, 130-Lyon, 202)

XXV. O Anticristo se mostra como aquele que quer ser celebrado como Deus, apesar de apóstata e ladrão, e pretende ser proclamado rei, apesar de ser um escravo. De fato, depois de ter recebido todo o poder do diabo, mostra-se não como um rei justo, nem muito menos como um subordinado a Deus e servo da Lei, mas como um ser mau e iníquo, apóstata, sem lei, injusto e assassino, como um ladrão que acolhe em si toda a apostasia do diabo; ele abaterá os ídolos para persuadi-los de que é Deus, e colocar-se-á como único ídolo, contendo em si os erros de todos os demais ídolos, para que os que adoravam o diabo mediante toda classe de abominações se tornem seus servos. Com efeito, o Apóstolo fala dele na Segunda epístola aos tessalonicenses: «Porque deve vir primeiro a *apostasia*, e o apocalipse do homem da *anomia*, o filho da *perdição*, o adversário, que se levanta contra tudo que se chama Deus, ou recebe um culto, chegando a sentar-se pessoalmente no templo de Deus e querendo passar por Deus» [2Ts 2,3-4]; assim, trata claramente de sua apostasia e diz que este que se elevará acima de todo ser que se coloque em lugar de Deus ou que é objeto de culto, ou seja, acima de todo ídolo (pois não são 'deuses' de modo algum, ainda que os homens assim os chamem) e por isso tentará pôr-se tiranicamente como Deus.

XXVIII. Posto que, neste século, alguns tendem à luz e se unem a Deus com a mediação da fé, enquanto outros se afastam da luz de Deus, o Verbo de Deus atribui a cada um a morada que lhe é mais propícia: aos que estão na luz dá a possibilidade de desfrutarem dos bens presentes na luz, enquanto aos que se encontram nas trevas lhes compete a participação às penas que na escuridão se padece. Por esse motivo, [o Verbo de Deus] diz que chamará ao Reino do Pai os que estão a sua direita e, pelo contrário, precipitará no fogo eterno os que estão a sua esquerda [Mt 25, 34-41], porque estes serão privados de todos os bens. Por isso, diz o Apóstolo: «Visto que não acolheram o amor de verdade, a fim de serem salvos, por isso que Deus lhes manda o poder da sedução para que acreditem na mentira e sejam condenados todos os que não acreditaram na verdade, mas antes consentiram na iniquidade» [2Ts 2,10-12]. De fato, quando ele vier e, a seu arbítrio, resumir em si a apostasia, realizando tudo o que há de realizar, se sentará no templo de Deus, para que os que serão enganados por ele o adorem como Cristo [2Ts 2,4]. Por isso, justamente lançado no lago de fogo [Ap 19,20]. Deus em seu pré-conhecimento conhece originariamente a totalidade das coisas e, a seu tempo devido, enviará aquele que deve ser tal «para que acreditem na mentira e sejam condenados todos os que não acreditaram na verdade, mas antes consentiram na iniquidade» [2Ts 2,11-12].

Adversus Haereses, V, XXV, 1; XXVIII, 1-2

Tertuliano

(Cartago, 155-230)

XXIV-XXV. Com os tessalonicenses podes aprender que tempos são estes. Lemos com efeito: «e como vos convertestes dos ídolos a Deus, para servirdes ao Deus vivo e verdadeiro, e esperardes dos céus a seu Filho, a quem ele ressuscitou dentre os mortos» [1Ts 1,9-10]. E mais: «quem é, senão vós, a nossa esperança, a nossa alegria, a coroa de glória, diante do Senhor Jesus Cristo no dia da sua vinda?» [1Ts 2,19]. De igual modo: «aos olhos de Deus, nosso Pai, por ocasião da Vinda de nosso Senhor Jesus com todos os santos» [1Ts 3,13]. Ensinando-lhes que não devem entristecer-se pela causa da morte, expõe também os tempos da ressurreição: «Se cremos que Jesus morreu e ressuscitou, assim também os que morreram em Jesus, Deus há de levá-los em sua companhia. Pois isto vos declaramos, segundo a palavra do Senhor, que os vivos, os que ainda estivermos aqui para a Vinda do Senhor, não passaremos à frente dos que morreram. Quando o Senhor, ao sinal dado, à voz de arcanjo e ao som da trombeta divina, descer do céu, então os mortos em Cristo ressuscitarão primeiro; em seguida nós, os vivos que estivermos lá, seremos arrebatados com eles nas nuvens para o encontro com o Senhor, nos ares. E assim, estaremos para sempre com o Senhor» [1Ts 4,14-17]. Que voz do arcanjo, que trombeta divina já foram escutadas além das estâncias dos hereges? E assim, ainda que fosse possível assumir a palavra do Evangelho como a trombeta divina, que já os convocou, os casos poderiam ser só dois: ou aqueles já estão mortos no corpo de modo que se pode fazê-los ressuscitar (mas nesse caso como poderiam viver?), ou então foram apartados nas nuvens (mas desse modo como poderiam estar aqui?). Como afirmou o apóstolo [1Cor 15,19], os que tinham esperança apenas nesta vida, a partir do momento em que excluem o que é prometido para além dela, exatamente no momento em que tentam agarrar-se a ela, serão considerados os mais míseros dos homens: de fato, eles se enganam, em relação à verdade, tanto quanto Figelo e Hermógenes

[2Tm 1,15]. Portanto, a autoridade divina do Espírito Santo, que bem compreende pensamentos semelhantes, na mesma Epístola aos tessalonicenses nos sugere: «No tocante aos tempos e ao prazo, meus irmãos, é escusado escrever-vos, porque vós sabeis, perfeitamente, que o Dia do Senhor virá como ladrão noturno. Quando as pessoas disserem: paz e segurança!, então, lhes sobrevirá repentina destruição, como as dores sobre a mulher grávida; e não poderão escapar» [1Ts 5,1-3]. Na Segunda epístola, ademais, se dirige aos mesmos homens com uma intensidade ainda maior «[2Ts 2,1-10]».

No Apocalipse de João, revela-se a sucessão dos tempos, que até as almas dos mártires, sob o altar, aprendam a sustentar, invocando a vingança e o juízo [Ap 6,9-11], para que antes o mundo se abebere em suas pragas das taças dos anjos [Ap 15,7], e que aquela cidade meretriz padeça o fim que merece por parte dos dez reis [Ap 17,12] e que a besta, o *Anticristo*, conduza sua batalha contra a Igreja juntamente com seu falso profeta [Ap 19,19-20]. Portanto, depois que o diabo foi temporariamente relegado ao abismo, é dado o privilégio da primeira ressurreição aos que estão sentados nos tronos [Ap 20,2-4]; sucessivamente, uma vez que o diabo tenha sido lançado no lago do fogo [Ap 20,10], pronuncia-se o juízo universal [Ap 20,12], segundo o que está escrito nos livros.

De Resurrectione carnis, XXIV, 1-20; XXV, 1-2

XXX. Para a salvação dos imperadores, evocamos o Deus eterno, o Deus verdadeiro, o Deus vivente, cujo favor até os imperadores antepõem aos de todos os outros deuses. Eles sabem perfeitamente quem lhes deu o império; e, como homens, sabem também quem lhes deu a vida; sentem que este é o único Deus, a cujo poder pertencem, do qual são segundos, e depois os primeiros, antes de todos e sobre todos os deuses. Não é por acaso assim? Ademais, estão acima também de todos os homens, que, sendo vivos, estão de toda forma acima dos mortos. Refletem até que ponto tem valor a força de seus impérios e, desse modo, compreendem Deus; reconhecem ter poder diante daquele contra o qual não têm nenhum poder. Em suma, o imperador pode debelar o céu e conduzir a seu triunfo o céu e mandar suas guardas ao céu ou mesmo impor tributos ao céu? Não. E ele é grande porque é subordinado ao céu: de fato, também pertence àquele ao qual pertence o céu e qualquer outra criatura. Ele é imperador graças àquele que o fez homem, antes que imperador; seu poder vem da mesma origem que seu espírito. Alçando os olhos para o alto, nós cristãos elevamos as mãos, que são inocentes, com a cabeça descoberta, porque não temos vergonha de nada, e sem necessidade de nenhuma advertência, porque rezamos com o coração, rezamos sempre por todos os imperadores para que eles tenham uma vida longa, um reino tranquilo, uma casa segura, exércitos fortes, um senado fiel, um povo honesto, um mundo pacífico e tudo o que cabe nos desejos de um homem ou de César.

XXXII. No entanto, subsiste também outra necessidade, até mesmo maior, de rezar para o bem dos imperadores, ou melhor, para a estabilidade do império todo e para o Estado romano: de fato, sabemos que, com a presença do império romano, é retardada uma catástrofe imensa que incumbe sobre todo o mundo e que ameaça com horríveis calamidades. Pois bem, nós não queremos fazer experiência e, enquanto rogamos para que esse fim seja retardado cada vez mais, almejamos a longa duração do império. E, ao mesmo tempo, juramos não pelos gênios dos Césares, mas por sua salvação, que é a mais augusta de todos os gênios. De fato, não sabeis que os gênios se chamam demônios, e este é um diminutivo do Demônio? Nós imperadores respeitamos o juízo de Deus, que nos colocou a cargo das gentes, sabemos que nós imperadores somos exatamente o que Deus quis e por isso queremos que seja salvo o que Deus quis. E isso para nós tem o valor de um grande juramento. Por outro lado, nós estamos acostumados a esconjurar os gênios, para mantê-los distantes dos homens, e não jurar em seu nome, conferindo-lhes a honra que compete, ao contrário, à divindade.

Apologeticus Adversus Gentes pro Christianis, XXX, 1-4; XXXII, 1-3

Hipólito de Roma
(Ásia, 170-Sardenha, 235)

XXI-XXII. Posto que as palavras do Senhor são verídicas, mas «os homens são todos mentirosos» [Sl 116 (114-115), 11], como está escrito, vejamos se o apóstolo Paulo também concorda com as palavras do Senhor. De fato, ao escrever aos tessalonicenses exortando-lhes a velar sempre e a perseverar nas orações, sem, no entanto, esperar o dia do Juízo, porque ainda não se havia chegado à plenitude dos tempos, disse: «[2Ts 2,1-9]». Quem é, então, que retém até este momento senão a quarta besta? Quando esta será expulsa e eliminada do caminho virá o Enganador. Mas, procurando por curiosidade em toda parte quantos anos se deixou para a besta antes de ela ser expulsa, não compreendes que, procurando isso, procuras teu próprio perigo e desejas ver demasiado rápido o juízo. De fato, diz: «Ai daqueles que desejam o dia do Iahweh»; e também: «Não é o dia de Iahweh trevas e não luz?» [Am 5,18-20]. Por que, então, preocupar-se com os tempos e indagar o dia, quando o Salvador o escondeu de nós? Diga-me, conhece o dia de tua morte, para pôr-te a elucubrar sobre o fim de todo o cosmo? Se Deus não fosse paciente para com nós em virtude de sua misericórdia infinita, há muito tempo tudo teria findado [...] Se determinou haver paciência aos mártires, que versaram o próprio sangue por Cristo, por que não pacienta tu também, para que outros possam ser salvos e o número dos eleitos e dos santos se cumpra?

XLIX-L. A propósito do Anticristo, o profeta Daniel afirma: ele será sempre impudente, sedento de guerra e tirano e, depois de ter ousado alçar-se acima de todo rei e todo deus e, jactando-se de seu exército e saqueando os baluartes das cidades inimigas, orgulhoso pelo ouro, pela prata e pelas pedras preciosas, pronunciará palavras soberbas contra Deus, desejando que somente ele seja adorado como Deus. Dele falou toda a Escritura, e os profetas anunciaram sua chegada para a ruína de muitos, e o Senhor lhes deu seu testemunho, e os apóstolos ensinaram dele as mesmas coisas, e João manifestou no *Apocalipse* seu nome através dos números místicos. O Senhor o definiu «abominação da desolação» e o Apóstolo ensinou que ele se apresentará como o filho do diabo, «pela atividade de Satanás, com toda a sorte de portentos» [2Ts 2,9] [...] Alçando-se sobre todos os reis e todos os deuses, ele reconstruirá a cidade de Jerusalém e levantará de novo o templo arrasado, restituirá aos judeus todo o país e seus confins, e, resgatando seu povo da servidão das gentes, proclamar-se-á seu rei. Ante ele os infiéis se ajoelharam como diante de Deus, pensando que é o Cristo, não compreendendo o que o profeto disse, ou seja, que é enganador e mentiroso [...].

Assassinará as duas testemunhas e precursoras do Cristo, que predicam sua gloriosa *parusia* dos céus. Como diz o profeta: «Às minhas duas testemunhas, porém, permitirei que profetizem, vestidas de saco, durante mil duzentos e sessenta dias» [Ap 11,3]; da mesma maneira, o Anjo disse a Daniel: «Ele confirmará uma aliança com muitos durante uma semana; e pelo tempo de meia semana fará cessar o sacrifício e a oblação» [Dn 9,27], para mostrar uma semana dividida em duas partes: com as duas testemunhas que anunciam por três anos e meio, com o Anticristo que, pelo resto da semana, faz guerra aos santos e faz do mundo todo um deserto, para que se realize a profecia: «A contar do momento em que tiver sido abolido o sacrifício perpétuo e for instalada a abominação da desolação, haverá mil duzentos e noventa dias» [Dn 12,11].

LIII-LIV. Portanto, Daniel predisse duas abominações, uma das quais é a abominação da destruição e a outra é a abominação da desolação. De qual outra abominação da destruição se trata, além da provocada por Antíoco a seu tempo [Dn 11,21 ss.]? E qual outra desolação além da universal, quando vier o Anticristo? Como diz Daniel: «penetrará no país do Esplendor, onde muitos cairão. Estes, porém, hão de escapar de suas mãos: Edom, Maob e os sobreviventes dos filhos de Amon. Ele continuará a estender a mão sobre outras terras, e a terra de Egito não lhe escapará» [Dn

11,41-42]; de fato, são aqueles que, partilhando o próprio sangue, antes de todos o reconhecem como rei. Os edomitas são filhos de Esaú e moram no monte Seir; logo estão os moabitas e os amonitas, filhos de Lot, engendrados de suas filhas, como disse também Isaías: «Ambos atirar-se-ão sobre os filisteus ao ocidente, juntos despojarão os filhos do oriente. Edom e Moab se sujeitarão ao seu domínio e os filhos de Amon se lhes submeterão» [Is 11,14].

Este, aclamado rei por eles e glorificado por todos, e depois de ter oprimido o mundo com a abominação da desolação, prevalecerá por mil duzentos e noventa dias como diz Daniel: «Bem-aventurado aquele que perseverar, chegando a mil trezentos e trinta e cinco dias» [Dn 12,12]; de fato, com o advento da dissolução e com a persecução dos santos, todos superarão aquele dia e se aproximarão do quadragésimo quinto, quando está próxima outra Pentecoste, obtendo o reino dos céus. O Anticristo chega no meio do quinquagésimo dia; os santos, ao contrário, herdarão com Cristo o reino.

LVI. Quem, então, podiam ser aqueles dois homens que se encontravam nas margens do rio [Dn 12,5], além da Lei e dos profetas? E quem estava sobre a água, senão aquele mesmo sobre o qual eles já haviam profetizado? Quem era além daquele que, nestes últimos tempos, no Jordão, o Padre mesmo havia dado testemunho, e que João haveria abertamente apresentado ao povo, o homem vestido de linho, com um tinteiro de escrivão à cintura [Ez 9,2]? Esses [os judeus], portanto, o interrogam, sabendo que a ele pertencem todo império e todo poder, para assim conhecer com precisão quando o mundo será julgado, em que tempo se realizarão as coisas das quais ele falava. Ele, querendo convencer-lhes de tudo, levantou a mão direita para o céu, jurando por Aquele que vive eternamente [Dn 12,7]. Quem é aquele pelo qual jurou? É evidente que o filho jura em nome do Pai: o Pai vive eternamente e não no tempo. E assim jura: «Será por um tempo, tempos e metade de um tempo. E quando se completar o esmagamento da força do povo santo, essas coisas todas hão de consumar-se» [Dn 12,7]. Estendeu, em seguida, as mãos, indicando assim a paixão. Com as palavras: «por um tempo, tempos e metade de um tempo» indicou os três anos e meio do Anticristo: um tempo é um ano, tempos são dois anos e a metade do tempo é meio ano. Esses são os mil duzentos e noventa dias que Daniel profetizou.

Commentarius in Danielem, IV;
XXI-XXII; XLIX-L; LII-LIV; LVI

V-VI. No entanto, é chegado o momento de falar do que prenunciamos, e sendo suficiente o que falamos no início de nosso discurso para a glória de Deus, é justo que nós, examinando as divinas Escrituras, demonstramos através delas a vinda do Anticristo, e em que época e tempo aquele ser iníquo aparecerá, e de onde e de qual povo, ou qual é seu nome – que nas Sagradas Escrituras é denotado apenas com um número –, de que modo conduzirá o povo ao erro, reunindo-o dos confins da terra; como suscitará tribulação e perseguição contra os santos; de que modo glorificará si mesmo como Deus; qual será seu fim e de que modo se revelará o Senhor dos céus; qual será enfim a conflagração universal do cosmo; qual o reino glorioso e celeste dos santos, reinando junto de Cristo; e qual o suplício eterno que os maus serão obrigados a padecer no fogo.

Assim como o nosso Senhor Jesus Cristo e Deus, por sua realeza e seu esplendor, é considerado semelhante a um leão, as Escrituras também consideram o Anticristo um leão, por seu caráter tirânico e sua violência. O sedutor, de fato, quer parecer, em todas as coisas, o filho de Deus. Assim, o Cristo é um leão, mas o Anticristo também é um leão; o Cristo é rei, mas é rei também o Anticristo. O Salvador é apresentado como um cordeiro; o próprio Anticristo se mostrará com a aparência de um cordeiro, mesmo sendo interiormente um lobo. O Salvador veio ao mundo na circuncisão, e o mesmo fará o Anticristo. O Senhor enviou os apóstolos entre todas as gentes, e o Anticristo enviará para os quatro cantos falsos apóstolos. O Salvador reuniu as ovelhas desgarradas, e o Anticristo, da mesma maneira, reunirá o povo dos judeus, que era disperso. O Senhor outorgou a seus fiéis um selo, o Anticristo de maneira igual o dará. O Salvador apareceu em forma de homem, e o Anticristo, igualmente, mostrar-se-á com aparência humana. O Salvador fez de sua santa carne um templo; o Anticristo, da mesma maneira, erguerá o templo de Jerusalém construído de pedra.

XV. Da tribo de Dã nasceria e cresceria um tirano e um rei, juiz mau e filho do diabo, diz o próprio profeta: «Dã julga seu povo, como cada tribo de Israel» [Gn 49,16]. Alguém porém poderia objetar que isso foi ditado por Sansão, o qual, nascido da tribo de Dã, foi juiz do povo por vinte anos. Mas com Sansão este se realizou parcialmente, a realização universal se dará somente com o Anticristo. Assim diz também Jeremias: «De Dã ouve-se o fungar de seus cavalos; pelo relinchar de seus ginetes treme toda a terra» [Jr 8,16]. E outro profeta afirma: «Reunirá toda sua força da aurora ao crepúsculo. Com ele irão todos os que ele convocar e os que não convocar. O mar embranquecerá pelas velas de suas naus e os campos escurecerão pelos escudos e pelas lanças. E, se alguém se adiantar na batalha, sucumbirá sob sua espada». Pois bem, mostraremos em seguida como tudo isso só é dito do tirano, impudente, em guerra contra Deus.

LXIII-LXIV. O beato apóstolo Paulo, ao escrever aos tessalonicenses, diz: «[2Ts 2,1-11]». E, no entanto, Isaías afirma: «Se o ímpio recebe graça, sem que aprenda a justiça, mesmo na terra da retidão, ele praticará o mal, sem ver a majestade de Iahweh» [Is 26,10]. E bem, oh amadíssimo, uma vez que essas coisas aconteçam, que a única semana seja dividida em duas partes, e se mostre a abominação da desolação, que os dois profetas e precursores do Senhor realizem sua viagem, que o cosmo inteiro se realize, o que mais resta senão que o Senhor e nosso Salvador Jesus Cristo filho de Deus, em quem sempre tivemos esperança, descenda do céu? Ele trará a conflagração universal e o justo juízo para todos os que não tenham tido fé em sua pessoa. Diz, efetivamente, o Senhor: «Quando começarem a acontecer essas coisas, erguei-vos e levantai a cabeça, pois está próxima a vossa libertação» [Lc 21,28]; «nem um só cabelo de vossa cabeça se perderá» [Lc 21,18]; «Pois assim como o relâmpago parte do oriente e brilha até o poente, assim será a vinda do Filho do Homem. Onde estiver o cadáver, aí se ajuntarão os abutres» [Mt 24,27-28]. Ademais, houve um cadáver no paraíso: ali, de fato, enganado, Adão caiu. E novamente diz: «*Ele enviará os seus anjos que*, ao som da grande trombeta, reunirão os seus eleitos dos quatro ventos, de uma extremidade até a outra extremidade do céu» [Mt 24,31]. E também Davi preanuncia o juízo e a aparição do Senhor: «Ele sai de um extremo dos céus e até o outro extremo vai seu percurso; e nada escapa ao seu calor» [Sl 19(18),7]. Na verdade, por calor entende com efeito a conflagração. E não por acaso Isaías diz: «Eia, pois, povo meu, entra nos teus aposentos e fecha as tuas portas sobre ti; esconde-te por um pouco de tempo, até que a cólera tenha passado» [Is 26,20]. E da mesma maneira Paulo diz: «Manifesta-se, com efeito, a ira de Deus, do alto do céu, contra toda impiedade e injustiça dos homens que mantêm a verdade prisioneira da injustiça» [Rm 1,18].

Demostratio de Christo et Antichristo, V-VI; XV; LXIII-LXIV

Orígenes
(Alexandria, 185-Tiro, 254)

Também Paulo, na Segunda epístola aos tessalonicenses, demonstra como um dia será revelado «o homem da anomia, o filho da perdição, o Adversário, que se levanta contra tudo que se chama Deus, ou recebe culto, chegando a sentar-se pessoalmente no templo de Deus, e querendo passar por Deus» [2Ts 2,3-4]. E continua dizendo aos tessalonicenses: «Agora também sabeis o que é que ainda o retém, para aparecer só a seu tempo. Pois o mistério da impiedade já age, só é necessário que seja afastado aquele que ainda o retém! Então será o apocalipse do *Anomos*, aquele que o Senhor destruirá com o sopro de sua boca, e o suprimirá pela manifestação de sua *parusia*. Ora, a *parusia* do *Anomos* será assinalada pela atividade de Satanás, com toda a sorte de portentos, milagres e prodígios mentirosos, e por todas as seduções da injustiça, para os que se perdem» [2Ts 2,6-10]. E acrescenta a razão pela qual se concede também ao maligno permanecer vivo: «Porque não acolheram o amor de verdade, a fim de serem salvos. É por isso que Deus lhes manda o poder da sedução, para acreditarem na mentira e serem condenados, todos os que não creram na verdade, mas antes consentiram na injustiça» [2Ts 2,10-12].

Digam-nos, portanto, se é possível que um trecho qualquer do Evangelho ou do Apóstolo dê lugar à suposição de que nesse fragmento se pressagie a 'magia'. Para quem quiser, ademais, seria possível deduzir da Daniel a profecia do Anticristo. Portanto, Celso falseia as palavras de Jesus, desde o momento em que, enquanto este não disse de forma alguma que haveria outros – malignos ou magos – que fariam prodígios semelhantes, disse expressamente que teria feito, ao contrário, uma afirmação similar. Como de fato o poder dos encantamentos do Egito não era similar à excepcional graça de Moisés, mas o êxito revelou que as ações dos egípcios eram apenas bruxarias, enquanto as de Moisés eram, na verdade, obras divinas, ao mesmo tempo, os atos dos anticristos e dos que simulam prodígios, como se fossem discípulos de Jesus, são definidos 'portentos, milagres e prodígios mentirosos'; os de Cristo e dos seus discípulos tinham como resultado não a sedução, mas sim a salvação das almas. E quem, na verdade, com justa razão afirmaria que a vida mais elevada - capaz de reduzir ao mínimo, dia a dia, as obras da iniquidade - nasce da sedução?

Contra Celsum, II, 50

Melitão de Sardes

(† Sardes, 190)

Jamais havia acontecido algo parecido, ou seja, que todo o gênero dos homens pios padecesse tal perseguição provocada em toda a Ásia por novos decretos. Delatores de grande impudência e gente cúpida das riquezas dos outros, aproveitando a ocasião desses editos, oprimem e saqueiam abertamente de dia e de noite homens inocentes.Se tudo isso acontece por ordem tua [Marco Aurélio], então está bem que aconteça. Não é de fato possível que um príncipe justo possa estabelecer algo injustamente; e nós, com ânimo sereno, de bom grado levaremos o prêmio de uma morte similar. Apenas isto te pedimos: que tu queiras examinar antes de mais nada os homens que por uma obstinação semelhante foram arruinados por tua causa, e estabelecer em seguida, com base em tua equidade, dentre esses quais merecem o suplício e a morte ou viver sãos e salvos. Se ao contrário aquela decisão e aquele edito de fato inaudito, que nem mesmo contra os bárbaros inimigos jamais tenha sido conveniente adotar, não foram proclamados por ti, te suplicamos ainda mais de não consentir que tal espoliação continue a nos oprimir.

É, com efeito, a filosofia que professamos; chegou primeiro a sua plenitude entre os bárbaros; mas depois que floresceu entre todas as gentes, no tempo do grande império de Augusto, teu progenitor, fausto foi o destino de Roma. De fato, desde daquele tempo, a majestade do império romano se viu incrementada por grandes conquistas; desse império tu és o sucessor designado e o será com o filho, se agora te empenhar em tutelar a filosofia que, desenvolvida com o império e iniciada com Augusto, teus maiores honraram junto com as outras religiões. Que nossa religião tenha fortalecido o bem público junto com o império, que tivera um início tanto feliz, o demonstra com certeza o fato de que do principado de Augusto nada adverso aconteceu, mas, ao contrário, tudo procedeu de maneira favorável e próspera por juízo e voto de todos. Somente Nero e Domiciano, induzidos pelos conselhos maléficos de alguém, tentaram incriminar nossa religião. A partir deles sucessivamente manteve-se nos pósteros a falsa calúnia contra nós, assim como é costume do vulgo acreditar nos falatórios sem fundamento. Na verdade, teus piíssimos genitores repreenderam a desconsideração destes, obrigando com escritos frequentes quem houvesse empreendido algo novo contra os homens de nossa religião. Entre esses piíssimos parentes teus teu avô Adriano mandou cartas a Fundano, procônsul da Ásia, e a muitos outros. E também teu pai, no tempo em que Adriano administrava todas as coisas, escreveu às cidades, para que não provocassem tumultos contra nós; em particular, escreveu àqueles de Larissa, aos tessalonicenses, aos atenienses e por fim a todos os gregos. Portanto confiamos em ti, que tenha por nós os mesmos sentimentos que eles tiveram; todavia mais; posto que és já muito mais humano e mais sábio confiamos que atenderás a nossa súplica.

Fragmenta ex Apologia Melitonis, em Eusébio de Cesarea, *Historia Ecclesiastica*, IV, 26,5-11

Victorino de Pettau
(250-304)

Paulo também diz expressamente que o Anticristo deve ser incluído no reino dos céus e entre os Césares. Com efeito, disse aos tessalonicenses: «[2Ts 2,6-9]». E para que soubessem que quem viria à época era um soberano, Paulo acrescentou: «Pois o mistério da impiedade já está agindo» [2Ts 2,7], ou seja, fala da impiedade que vai levando a cabo em segredo, mas que vem colocada não por causa sua ou de seu pai, e sim pelo comando de Deus. Por essa razão, de fato, Paulo diz: «para aqueles que se perdem, porque não acolheram o amor de verdade, a fim de serem salvos. É por isso que Deus lhes manda o poder da sedução, para acreditarem na mentira» [2Ts 2,10-11]. E de fato diz Isaías: «Esperávamos a luz, e o que veio foram trevas» [Is 59,9]. O *Apocalipse* revela, portanto, que os profetas são assassinados por aquele [ou seja, pelo Anticristo] e que renascem no quarto dia, de modo que não existe ninguém idêntico a Deus. Ademais, em virtude dos malfeitos do povo perseguidor, Jerusalém é chamada «Sodoma e Egito» [Ap 11,8], «Sodoma» e «Gomorra» [Is 1,10]. Pois bem, é necessário seguir com diligência e suma atenção o anúncio profético e compreendê-lo, visto que o Espírito Santo fala de maneira confusa, antecipa a ordem dos acontecimentos e corre até o último tempo, para depois voltar aos tempos que foram antes: apresenta, de fato, um acontecimento que acontecerá uma única vez como se tivesse acontecido em várias ocasiões.

Scholia in Apocalypsin, XI, 4-5

Ambrosiastro

«Não vos lembrais de que vos dizia isto quando ainda estava convosco? Agora também sabeis o que é que ainda o retém, para aparecer só a seu tempo» [2Ts 2,5-6]. [Paulo] diz que 'o que retém' persiste até que aquele que virá antes do Senhor não aparecerá, em consequência, até que não se realize a esperança na vinda do Senhor. Sobre esse fato se antes falo quase em segredo, com as palavras: «porque deve vir primeiro a *apostasia* [*defectio*]» – acima mencionei que essa apostasia deve ser entendida como o desparecimento do império romano: de fato, tão logo se dê a *rebelião*, virá o Anticristo e somente então poderá esperar-se que esteja próximo o advento do Senhor.

«Pois o mistério da impiedade já está agindo, só é necessário que seja afastado aquele que ainda o retém» – O mistério da impiedade teve início com Nero, que, por adoração dos ídolos, assassinou os apóstolos – visto que seu pai, o diabo, o instigava a fazê-lo –, até Diocleciano e mais recentemente Juliano, que de nenhuma maneira conseguiu pôr fim à perseguição, embora a tivesse iniciado com arte e astúcia – de fato, não lhe fora concedido do alto. Pois bem, Satanás se serve desses ministros, por um lado, para escarnecer a manifestação de um único e verdadeiro Deus e, por outro, para seduzir os homens ao culto de uma multiplicidade de deuses, até quando persista o império romano – e, de fato, diz: «até que seja destruído».

In epistulam Beati Pauli ad Thessalonicenses secundam

João Crisóstomo
(Antioquia, 344/354-Comana Pôntica, 407)

[2Ts 2,6-9] Justamente, alguém pode se perguntar o que é este ser 'que retém' e, em seguida, tentará entender por que Paulo fala dele de maneira tão obscura. Pois bem, o que é, então, esse ser – 'aquilo que retém sua manifestação' – que impede que o [Messias] se revele? De um lado, alguns dizem que se trata da 'graça do Espírito Santo'; do outro, alguns pensam que se trata, ao contrário, do império romano – e com estes concordo plenamente. Por quê? Pois então, porque se Paulo quisesse entendê-lo como 'Espírito', não teria falado de maneira tão obscura; teria sido muito claro, visto que, também agora, a graça do Espírito, ou seja, os carismas e os dons gratuitos, o retém. Além do mais, parece necessário que, caso estivesse para acontecer, tivesse já advindo, visto que os carismas perderam muito de sua força: há muito tempo os carismas do Espírito perderam muito de sua força. Se, ao contrário,

Paulo interpreta 'o que retém' como o império romano, assim justamente fala de modo enigmático e arcano: de fato, não havia intenção alguma de suscitar inimizades supérfluas e perigos inúteis. Se tivesse dito que o império romano teria desmoronado logo em seguida, teria sido acusado de ser um homem maléfico e pestífero e com ele todos os fiéis que vivem e combatem sob sua égide. Por esse motivo, não disse nem desse modo nem imediatamente que isso aconteceria, ainda que quisesse dizer sempre o mesmo: mas o quê? Que o mistério da impiedade aparece a seu tempo, ainda que já esteja agindo. Ele diz que Nero é o tipo do Anticristo: Nero queria ser julgado como se fosse um deus. Justamente, por isso, Paulo fala de 'mistério': de fato não o declara, como por sua vez Nero dizia de si aberta e descaradamente. Se, com efeito, antes daquele tempo, houve - diz - quem, ao fazer o mal, não estava de todo modo distante do Anticristo, o que haveria de estranho se agora estaria próximo a vir? E assim [o Apóstolo] falou dele de maneira obscura, e não quis torná-lo manifesto, não por temor, mas sim para nos ensinar a não suscitar inimizades inúteis, já que não existe o que nos deve deixar impacientes. Mas ele disse também isto: «só é necessário que seja afastado [aquele que até agora o reteve]». E isso significa que, não apenas o império dos romanos será definitivamente destruído, mas também o Anticristo virá. E justamente. Com efeito, até quando prevalecer o medo desse poder, ninguém se submeterá facilmente: por outro lado, tão logo esse império se dissolva e caia na anarquia, tentarão agredir o poder dos homens de Deus. E assim foram destruídos os reinos que existiam antes daquele, por exemplo o reino dos medos pelos babilônios, o reino dos babilônios pelos persas, o reino dos persas pelos macedônios, o reino dos macedônios pelos romanos: assim, também, aquele reino [ao qual se refere o Apóstolo] será destruído pelo Anticristo e o Anticristo será derrotado por Cristo e [o Anticristo] não poderá mantê-lo por muito mais tempo. E Daniel nos fala disso com a máxima clareza. «Aparecerá o ímpio.» E depois? Trata-se quase de uma consolação: assim acrescenta: «o Senhor destruirá [o ímpio]», diz, «com o sopro de sua boca, e o suprimirá pela manifestação de sua Vinda [*parusia*] [...] assinalada pela atividade de Satanás.» Como o fogo, antes de propagar-se, agride os animais menores e, ainda que lentamente, os atordoa e os consuma, o Cristo com sua vontade, e apenas com sua presença, destruirá o Anticristo. É suficiente que o Cristo esteja presente para que todas essas coisas se dissolvam: a sua manifestação a mentira se reterá. E, ademais, na verdade, mostrando quem é aquele: «[cuja *parusia*] será assinalada pela atividade de Satanás, com toda a sorte de portentos, milagres e prodígios mentirosos». Isso significa que [o Anticristo] exibirá todo seu poder; e nada será verdadeiro, ou seja, tudo se resumirá à mentira. Essas coisas foram ditas antes para que quem viver não se deixe enganar. «Prodígios mentirosos», diz, ou seja, as mentiras, tudo o que induz ao falso. «Por todas as seduções da injustiça, para aqueles que se perdem.» Por que então – se pergunta – Deus permitiu que aquele existisse e qual seria sua intenção? E que vantagem poderia ter com seu advento, visto que levaria a nossa perdição? Não haver temor, meu caro; mas escuta exatamente o que te disse:

ele exercita seu poder sobre aqueles que se perdem, ou seja, sobre aqueles que, ainda que ele viesse, não têm fé. Qual seria, então, a vantagem de seu advento? Será tapada a boca daqueles que se perdem. De que maneira? Ainda que aquele não tivesse vindo, estes não teriam tido fé em Cristo: então, ele vem para desmenti-los, para que não possam dizer: quando Cristo dizia ser Deus, ainda que jamais abertamente, não acreditamos nele, mas acreditamos quando quem veio depois dele proclamou, quando ouvimos que um só é o Deus do qual todas as coisas provêm. O Anticristo eliminará esse pretexto deles. De fato, quando virá o Anticristo, e nada deixar íntegro, e todas as coisas serão iníquas, acreditarão no Anticristo somente com base em falsos sinais e tapará a boca deles. Por outro lado, se não se tem fé em Cristo, é ainda menos possível que se tenha fé no Anticristo: Cristo dizia ter sido enviado pelo Pai, e o Anticristo, por sua vez, diz exatamente o contrário. Por essa razão o Cristo dizia: «Vim em nome de meu Pai, mas não me acolheis; se alguém viesse em seu próprio nome, vós o acolherais» [Jo 5,43]. Disso vimos os sinais.

Contudo, Cristo fez muitas e grandes coisas: e portanto fazia muito sentido ter fé no Cristo, e não no Anticristo. E disto [ou seja, do Anticristo] foram previstas muitas coisas, que é ímpio e que é filho da dissolução e que seu advento se daria pela atividade de Satanás: mas, no entanto, daquilo [ou seja, do Cristo] foram ditas muitas coisas opostas a essas, por exemplo, que ele é o Salvador e que trará muitas bem-aventuranças. «porque não acolheram o amor de verdade, a fim de serem salvos. É por isso que Deus lhes manda o poder da sedução, para acreditarem na mentira e serem condenados, todos os que não creram na verdade, mas antes consentiram na injustiça» [2Ts 2,10-12].

In epistulam secundam ad Thessalonicenses Commentarius, IV

Agostinho de Hipona

(Tagaste, 354-Hipona, 430)

Bem advirto que devo omitir muitas passagens dos livros evangélicos e apostólicos sobre este último juízo de Deus, para que não se estenda este livro em um demasiado volume; mas não se deve de modo algum omitir o que o apóstolo Paulo escreveu aos tessalonicenses: «[2Ts 2, 1-12]».

Não há dúvida de que disse tudo isso a propósito do Anticristo, e que não virá o dia do Juízo (que ele chama também de dia do Senhor), se primeiro não vier aquele que ele chama *refugam*, o apóstata, o *fugitivo*, evidentemente de Deus Senhor. Posto que esse nome possa se atribuir com razão a todos os ímpios, imagine-se a ele! No entanto, é incerto em que templo de Deus se sentará, se sobre a ruína do templo edificado pelo rei Salomão ou, ao contrário, na Igreja; pois o apóstolo não consideraria templo de Deus nenhum templo de ídolos ou demônios. Por isso alguns afirmam que, nessa passagem, não se entende por Anticristo a cabeça, mas de alguma maneira seu corpo inteiro, isto é, a multidão dos homens que lhe pertencem como cabeça. Pensam, ademais, ser mais correto dizer em latim, como se diz em grego, não '*in templo Dei*', mas '*in templum Dei*', como se o Anticristo fosse o próprio templo de Deus, que é a Igreja – assim como dizemos '*sedet in amicum*', isto é, como amigo, ou em outros casos nos quais normalmente nos expressamos. Em relação a quando diz: «sabeis o que é que ainda o retém», sabeis por que está retardado e a causa da dilação «para aparecer só a seu tempo»; disse que sabiam, mas não quis dizer abertamente. Portanto, nós, que ignoramos o que eles sabiam, adoradamente desejamos chegar a compreender com esforço o que quis dizer o Apóstolo, mas não somos capazes de fazê-lo; especialmente, porque as coisas que acrescenta tornam ainda mais obscuro o significado. O que significa, com efeito: «o mistério da impiedade já está agindo, só é necessário que seja afastado aquele que ainda o retém. Então, será o apocalipse do *Anomos*»? Confesso que ignoro o que queria dizer. No entanto, não silenciarei as hipóteses que pude escutar ou ler.

Alguns pensam que o apóstolo Paulo disse isso sobre o império romano, e que não o quis escrever abertamente para não incorrer na calúnia de auspicar a ruína do império, quando se tinha esperança em sua perenidade. Assim, quando diz: «o mistério da impiedade já está agindo», podia parecer que se referisse a Nero, cujas ações já pareciam com as do Anticristo. Por isso, alguns levantaram a hipótese de que ele ressuscitará e será o Anticristo, enquanto outros pensam, por sua vez, que não morreu, mas foi afastado secretamente, para que se pudesse acreditar que ele estivesse morto, e entanto, vivo, permanecer oculto na flor da idade que tinha quando se pensou morto, e assim reaparecer no momento oportuno e reconquistar o reino. Mas parecem-me completamente absurdas as conjecturas daqueles que assim pensam. Todavia, o que diz o Apóstolo – «só é necessário que seja afastado (*de medio fiat*) aquele que ainda o retém», no sentido de 'tirado do meio' (*de medio tollatur*). Não há dúvida de que em «Então, aparecerá o ímpio» se refere ao Anticristo. Outras, por sua vez, pensam que em «sabeis o que é que ainda o retém» e «o mistério da impiedade já está agindo» se indica apenas os maus e os falsos cristãos, que estão na Igreja, até que alcancem um número tal que constituam um grande povo para o Anticristo – e que esse é o mistério da impiedade, que parece oculto. Eles pensam que por essa razão o Apóstolo exorte os fiéis a perseverarem tenazmente na fé que professam, dizendo que «só é necessário que seja afastado (*de medio fiat*) aquele que ainda o retém», isto é, até que não saia da Igreja o *mistero* da impiedade que agora é oculto. Pensam, com efeito, que ao mesmo mistério se refere o que diz, em sua epístola, João o Evangelista: «Filhinhos, é chegada a última hora. Ouvistes dizer que o Anticristo deve vir; e já vieram muitos anticristos: daí reconhecemos que é chegada a última hora. Eles saíram de entre nós, mas não eram dos nossos. Se tivessem sido dos nossos, teriam permanecido conosco. Mas era preciso que se manifestasse que nem todos eram dos nossos». Como, então, se afirma que antes do fim, nessa hora, que João chama *novíssima*, saíram da Igreja muitos heréticos que ele chama anticristos, assim finalmente sairão dela todos os que não pertencem a Cristo, mas que *novissimum*, ao Anticristo, e então ele se revelará.

De civitate Dei, XX, 19,1-3

Teodoreto de Ciro
(Antíoquia de Siria, 393-460/466)

[2Ts 2,6] Alguns interpretaram 'o que retém' como o 'império romano'; outros, ao contrário, o interpretaram como a 'graça do Espírito'. De fato – Paulo diria –, se a graça do Espírito faz oposição, este não sobrevive. Por outro lado, não é possível que a graça do Espírito se extinga completamente. Com efeito, como podem superar alguma vez suas maquinações aqueles que sejam privados de ajuda espiritual? Mas ao império romano não sucederá outro império. Não por acaso, o divino Daniel representou o império romano como a quarta besta. Além disso, por cima dessa besta foi colocado um pequeno corno, para levar a guerra contra os santos. E esse é o mesmo ser do qual o divino Apóstolo disse aquelas coisas que foram profetizadas. Penso, no entanto, que o divino Apóstolo não intendesse referir-se a nenhuma dessas duas interpretações, mas acredito sim que, na verdade, seja correto o que os outros afirmaram. Com efeito, o Deus de todas as coisas decidiu que este apareça precisamente no tempo da consumação final. Para tanto, a decisão de Deus retém esse ser para que não apareça. Penso, então, que essas palavras possam assumir outro significado. De fato, o divino Apóstolo apreendeu do Senhor que é necessário que o Evangelho seja predicado entre todas as pessoas, e que somente assim o fim chegará; vendo, porém, ainda prevalecer o culto dos ídolos, seguindo a doutrina do Senhor, disse que antes deverá ser dissipada a força da superstição, e, quando em todas as partes resplandecer a predicação divina, somente então aparecerá também o adversário da verdade.

[2Ts 2,7] «O mistério da impiedade já está agindo» – Alguns disseram que Nero foi definido como 'mistério da impiedade' e também que ele foi o artífice da impiedade. Eu, ao contrário, creio que o Apóstolo sugere interpretar, com essa denominação, as heresias insurgidas naquele período. Através das heresias, com efeito, o diabo, tendo afastado muitos da verdade por meio das heresias, predispõe a ruína da sedução. Portanto, [o Apóstolo] definiu 'mistério da impiedade' aqueles que possuem uma ligação oculta com a impiedade. Com efeito, o diabo mantém os homens longe de Deus. Portanto, o Apóstolo chamou seu advento 'revelação'. Aberta e claramente pregará então o que fora maquinando sem pausa. «Só é necessário que seja afastado aquele que ainda o retém.» De fato, é necessário que o erro da superstição tenha fim e que se predique o Evangelho.

Interpretatio in epistulam secundam ad Thessalonicenses

Logo, recordando o que com frequência lhes ensinara, o Apóstolo disse: «Não vos lembrais de que vos dizia isto quando ainda estava convosco? Agora também sabeis o que é que ainda o retém, para aparecer só a seu tempo». Haveria já aparecido, diz, se não o tivesse impedido a graça divina, postergando sua *parusia* ao tempo devido. «O mistério da impiedade já está agindo» – com essas palavras indica as heresias surgidas naquele período. «Só é necessário que seja afastado aquele que ainda o retém» – com isso diz que o decreto divino o retém de aparecer. É necessário de fato que, segundo a providência divina, o Evangelho seja anunciado a todas as pessoas, e somente então o Anticristo aparecerá.

Haereticarum fabularum compendium, v, 23

Teodoro de Mopsuestia
(Antioquia, 350-Mopsuestia, 428)

[2Ts 2,6-8] Não me parece de modo algum crível [que o que 'retém' indica os dons do Espírito]; já há muito tempo esses dons cessaram. Se alguém depois dissesse que esses dons não cessaram de existir, pois algumas pessoas, de quando em quando, continuam orando, alguns [dons] não cessaram nem mesmo naquele tempo, não podendo os santos desaparecer completamente. Haverá, então, também os que recusam sua doutrina, e se distinguem na competição de piedade. Além disso, em relação a 'o que retém' diz que está na intenção do diabo fazê-lo, e que Deus o impede, para que a realização do mundo coincida com o tempo final, em que ele deverá ser visto. O Apóstolo, além disso, afirma que por decisão divina o Iníquo seja retido, e por isso acrescenta: «para aparecer só a seu tempo». De fato, a expressão «o mistério da impiedade já está agindo» significa que o diabo opera a apostasia não abertamente, mas fazendo muitas coisas em segredo, tentando sempre afastar da piedade, com suas próprias forças, os que buscam a fé.

In epistulam posteriorem Pauli ad Thessalonicenses Commentarii Fragmenta

Jerônimo de Estridão
(Estridão, 347-Belém, 419/420)

Naquele tempo, o espírito dos tessalonicenses era inquieto e turbado, ou a causa de uma carta mal compreendida, ou de uma falsa revelação, que os havia enganado no sono, ou pelas conjecturas de alguns, que haviam interpretado como referentes àquele tempo as palavras de Isaías, de Daniel e dos Evangelhos sobre o Anticristo: por isso, eles esperavam que fosse iminente a vinda de Cristo em toda sua majestade. É a esse erro que o Apóstolo remediou expondo os acontecimentos esperados antes do advento do Anticristo, de modo que, quando os vissem, pudessem reconhecer a vinda do Anticristo, isto é, do homem do pecado, do filho da perdição, do Adversário, «que se levanta contra tudo que se chama Deus, ou recebe um culto, chegando a sentar-se pessoalmente no templo de Deus, e querendo passar por Deus». Não virá a *parusia* do Senhor – ele disse – se antes não vir a *discessio*, em grego a *apostasia*, para que todas as pessoas submetidas ao império romano se rebelem, e «seja revelado», isto é, se mostre, como todos os profetas anunciaram, o homem do pecado, no qual está a fonte de todos os pecados, o filho da perdição, isto é, o filho do diabo, posto que é ele próprio a perdição universal – ele, o Adversário de Cristo, e por isso chamado Anticristo, que se eleva por cima de todo ser denominado Deus, e pisoteia com o pé os deuses de todas as pessoas, assim como a religião clara e verdadeira se assenta no templo de Deus, que se encontre este em Jerusalém (como alguém pensa) ou na Igreja (como pensamos ser mais verossímil), mostrando si mesmo como se fosse o Cristo, o filho de Deus. Se antes o império romano não for devastado e se antes não vier o Anticristo, Cristo não virá, pois ele vem para destruir o Anticristo. Recordais – disse – que já vos expus a viva voz o que agora vos escrevo por carta, e vos dizia que Cristo não viria se não fosse precedido pelo Anticristo. «Agora também sabeis o que é que ainda o retém, para aparecer só a seu tempo» – sabeis perfeitamente a causa que impede o Anticristo de aparecer súbito. Não quer dizer abertamente a destruição do império romano, pois seus próprios líderes o creem eterno. Por esse motivo, segundo o Apocalipse de João, sobre a fronte da meretriz vestida de púrpura está escrito o nome blasfemo: 'Roma eterna'. Se o Apóstolo tivesse dito aberta e audaciosamente: 'Não virá o Anticristo antes da destruição do império', esta poderia parecer uma justa causa de perseguição contra a Igreja, então recém-surgida.

O que segue: «Pois o mistério da impiedade já está agindo, só é necessário que seja afastado aquele que ainda o retém», significa isto: a vinda do Anticristo é prenhe dos inúmeros males e pecados com que Nero, o mais impuro dos Césares, oprimiu o mundo. O que este mais tarde fará já foi realizado em parte por Nero – é necessário apenas que o império romano, que tem em si todas as pessoas, se retire (*recedat – recessio*) e se afaste. E então virá o Anticristo, fonte de impiedade, que o Senhor Jesus destruíra com o sopro de sua boca, isto é, com seu poder divino e o império de sua majestade, 'onde se pode o que se quer' (*cuius iussisse, fecisse est*), não em virtude da robustez dos soldados, não pela ajuda dos anjos. Subitamente, imediatamente, tão logo Ele apareça, destruirá o Anticristo.

Epistulae, CXXI (*Ad Algasiam*)

Cassiodoro
(Squillace, 485-580)

[2Ts 3] [Paulo] aprecia o fato de que os tessalonicenses tenham vivido corretamente conforme as regras da verdadeira fé; e os avisa que, no futuro, homens perversos os seduzirão com algo absolutamente novo, e lhes diz que a vinda do Senhor não acontecerá se antes não se mostrar o Anticristo; e [Paulo] descreve seus tempos perversos detalhadamente. Além disso, diz que seu mistério da impiedade já está agindo, e, no entanto, adverte também que a presença do absolutamente maligno se manifestará tão logo o império romano, que agora retém, seja afastado, após ter sido derrotado quando sobrevier uma nova ordem de coisas. Diz, por último, que depois desses sinais virá a verdade do advento de Deus.

In epistulam secundam ad Thessalonicenses

Glossa Ordinaria

[2Ts 2,6] «*Scitis...*» – O Apóstolo diz que (os tessalonicenses) conhecem o que retém, mas não o declara abertamente, e por isso nós não sabemos se não é o que alguns suspeitam: que isso tenha sido dito em referência ao império romano, até que este não seja afastado. Por isso dizem que o Apóstolo não quis escrevê-lo abertamente, para não incorrer na calúnia de auspicar a ruína do império romano, já que se esperava que este fosse eterno.

«*Suo tempore...*» – Uma vez que todos tenham entrado no império romano e na obediência à Igreja de Roma, virá o tempo da *discessio* de ambos os impérios: e uma vez completada essa *discessio* virá o Iníquo, isto é, quando cumprido o tempo da misericórdia em que todas as pessoas aderem à fé. Somente então se manifestará a *discessio*, e assim será iminente o dia do Senhor.

[2Ts 2,7] «Nam mysterium...» – Já no início do acesso à fé se encontra a impiedade, mas se trata de uma impiedade mística, isto é, mascarada com o nome de piedade, no sentido que seus ministros, mesmo sendo falsos, querem ser considerados ministros de Cristo. O diabo assassinava os mártires através de Nero e outros, e desse modo, por seu intermédio, o fará abertamente assassinando Elias e Enoque e tantos outros. Nero e outros são, de fato, sombras do futuro Anticristo, do mesmo modo que Davi e Abel são sombras do Cristo.

«*Donec de medio fiat...*» – Isto é, até que não seja retirado do centro do mundo esse poder do império romano. De fato, todos confluíam a Roma quase como ao cabo. Ou se pode entender: os que têm fé a conservam, até que ela não se enfraqueça. Ou então: o que retém o Iníquo, e é isso que induz à fé, o retenha, até quando a própria fé não seja afastada. Ou ainda: até que a impiedade, que agora é mística, seja afastada do centro, o que quer dizer, das coisas comuns, para que o homem não se vergonhe de ser adúltero ou ladrão, como não se vergonha de caminhar ou falar.

«*De medio fiat...*» – Certamente se fala aqui da *dis-*

cessio, de sua aberta manifestação. Então, revelada a *discessio*, do verdadeiro Deus, congelada toda caridade, o Anticristo se revelará pela abundância das impiedades.

Glossa Ordinaria. Epistula secunda in Thessalonicenses

Adso de Montier-en-Der
(910/915-922)

Posto que virá esse tempo, no qual o Anticristo se revelará, ou seja, no qual ele começará a evidenciar o dia do Juízo, o Apóstolo Paulo, na Epístola aos tessalonicenses disse: «Quando à Vinda de nosso Senhor Jesus Cristo, e à nossa reunião com ele, rogamo-vos, irmãos» [2Ts 2,1] e nessa mesma passagem diz: «Não vos deixeis enganar de modo algum por pessoa alguma; porque deve vir primeiro a apostasia, e aparecer o homem ímpio, o filho da perdição [*apoleia*]» [2Ts 2,3]. Com efeito, sabemos que, depois do reino dos gregos, ou depois do reino dos persas, cada um dos quais, a seu tempo, gozou de extraordinária fama e resplandeceu com o máximo poder, e assim sucessivamente, até o último reino, depois de todos os demais reinos, teve início o império dos romanos, que foi o mais forte de todos os maiores impérios que haviam existido e teve sob seu domínio todos os outros reinos de todas as terras, e todas as populações das várias regiões se submetiam aos romanos «e eram subordinadas no tributo». Com base nisso, diz o apóstolo Paulo que o Anticristo não virá ao mundo, «porque deve vir primeiro a apostasia» [2Ts 2,3], e isso significa que o Anticristo não virá antes que todos os reinos, que originariamente eram súditos do império romano, não se tenham afastado do império romano. No entanto, esse tempo ainda está por vir porque, ainda que efetivamente o império romano tenha sido em grande parte destruído, até que os reinos dos francos, que devem custodiar o império romano, continuem a governar, o poder do reino romano nunca morrerá de todo, conservando-se em seus soberanos. Na verdade, nossos doutores dizem que quem irá reconstruir integralmente o império romano será um dos francos, que aparecerá no último tempo e será poderosíssimo e será o último de todos os reis a existir. Este, depois de ter felizmente governado o próprio reino, virá então a Jerusalém e no «monte das Oliveiras» deporá seu cetro e sua coroa. Esse será o fim e a dissolução do império dos romanos e dos cristãos.

Conforme foi expresso pelo apóstolo Paulo na epístola, o Anticristo virá. «Aparecerá», assim, certamente o «homem ímpio» - é evidente que se trata do Anticristo, que, mesmo sendo um homem, será a fonte de todos os pecados e «filho da perdição», isto é, «filho do diabo», não por sua própria natureza, mas sim por imitação, visto que em tudo não fará nada além de cumprir as vontades do diabo, «posto que a plenitude» da autoridade diabólica e da completa sabedoria do mal «habitará fisicamente nele, no qual todos os tesouros» da malícia e da malignidade «estarão ocultos». «Aquele que se contrapõe» - essa expressão significa que o Anticristo é contrário a Cristo e a todos seus membros - «e se levanta» - e essa outra expressão quer dizer que «que se levanta contra tudo que se chama Deus», isso está acima de todos os deuses das pessoas: Hércules, Apolo, Júpiter, Mercúrio, que os pagãos julgam ser deuses. Acima de todos esses deuses se levantará o Anticristo, visto que se fará maior e mais forte que todos eles, e não apenas se levantará acima deles, mas também de tudo que «recebe um culto», isto é, sobre a Santa Trindade, que é a única que deve ser adorada e celebrada por toda criatura. «Chegando a sentar-se pessoalmente no templo de Deus, e querendo passar por Deus.» Com efeito, como dissemos pouco antes, mesmo tendo nascido na cidade de Babilônia e vindo, logo, a Jerusalém, circuncida-se, dizendo aos judeus: «Eu sou o Cristo» que a vós foi prometido, e vim para vossa salvação, para «reunir vós que andáveis dispersos» e vos defender. E assim, todos os judeus se ajoelharam ante ele e, acreditando estarem acolhendo Deus, acolheram ao contrário o Diabo. Em particular, se diz também que o Anticristo, ao «sentar-se no templo de Deus», isto é, na Santa Igreja, converterá todos os cristãos em mártires e se elevará e se glorificará, posto que o diabo «que é o rei de todos os filhos da soberba» se mostrará nele como a origem de todos os males.

Para que o Cristo não venha de imediato e de improviso e engane todo o gênero humano e o arruíne definitivamente, antes de seu advento, dois honoráveis profetas são enviados ao mundo, isto é, Enoque e Elias, que, contra o ímpeto do Anticristo, municiarão de armas divinas os fiéis de Deus e instruirão, confortarão e prepararão os eleitos para a guerra, ensinando e predicando por três anos e meio. Ademais, esses dois nobres profetas e doutores converterão à graça da fé todos os filhos de Israel encontrados nesse tempo e os colocarão a salvo da violência de tão impetuoso turbilhão da parte dos eleitos. E, então, dar-se-á de acordo com o que a Escritura diz: «Mesmo que o número dos filhos de Israel fosse como a areia do mar, o resto é que será salvo». Então, depois de eles levarem a cabo sua predicação por três anos e meio, imediatamente iniciará com fúria a perseguição do Anticristo, e o próprio Anticristo desencadeará contra eles suas armas e os matará, como se diz no Apocalipse: «Quando terminarem seu testemunho, a Besta que sobe do Abismo combaterá contra elas, vencê-las-á e os matará».

Como tratamos da origem do Anticristo, agora devemos falar de seu fim. Assim, esse Anticristo, «filho do diabo» e pai terrível de todo mal, por três anos e meio, como na verdade foi predito, afligirá todo o mundo com uma enorme perseguição e atormentará todo o povo de Deus com várias penas. Depois de ter matado também Enoque e Elias e depois de ter coroado com o martírio todos os outros que haviam preservado na fé, no fim «o juízo de Deus cairá sobre ele», como escreve o beato Paulo: «o Senhor destruirá [o Anticristo] com o sopro de sua boca». Quer o Senhor Jesus mate o Anticristo com o poder de sua própria virtude, quer o arcanjo Miguel o mate, o Anticristo será morto pela virtude do Senhor Nosso Cristo, e não pela virtude de um anjo ou arcanjo qualquer. Os doutores dizem, por outro lado, que o Anticristo será morto em sua tenda e sobre seu trono no monte das Oliveiras, no mesmo lugar diante do qual ascende o Senhor ao céu. Além disso, deveis saber que, depois que o Anticristo tiver sido assassinado, não verá imediatamente o dia do Juízo, nem o Senhor «chegará imediatamente ao juízo», mas, como sabemos também do livro do Daniel, por quarenta dias o Senhor concederá que seus eleitos «façam penitência», tendo sido, com efeito, seduzidos pelo Anticristo. Depois de ter expiado tal penitência, não há ninguém que possa saber quanto resta para que «o Senhor venha ao juízo»; tudo está nas mãos de Deus, que julgará o mundo na hora em que ele preestabeleceu, antes dos séculos, que deveria ser julgado.

Tractatus de Antichristo, 97-195

Bruno de Colônia
(Colônia, 1030-Serra San Bruno, 1101)

«Agora também sabeis o que é que ainda o retém, para aparecer só a seu tempo.» Concretizada a *apostasia* (*discessio*), aparecerá o Anticristo – e o que o retém, para que não venha ao presente, vos sabeis bem. O que o retém assim atua para que o Anticristo se revele a seu tempo, isto é, no momento oportuno. Se, ao contrário, ele viesse enquanto subsiste ainda a unidade da fé e do império cristão, não se revelaria a seu tempo. Com efeito se revelará a seu tempo: já opera o mistério da impiedade, então não a seu tempo – sua impiedade é agora espiritual e velada, através dos membros que precedem seu nefando chefe. Apenas isto falta a sua revelação: que aquele que retém, isto é, que o impede de vir – ou seja, o império cristão e a unidade da fé – seja afastado, isto é, subtraído à comunidade dos homens.

Expositio in epistulam Pauli secundam and Thessalonicenses

Otão de Freising

(Klosteneuburg, 111-Abadia de Morimond, 1158)

Então, enquanto Nero tentava destruir a cidade de Deus perseguindo os cristãos, coroou com o beato martírio ambos os beatíssimos príncipes dos apóstolos, Pedro e Paulo, ordenando que Pedro fosse colocado em cruz com os pés para o alto e Paulo golpeado com a espada. Desse ato a cidade de Roma padeceu no último ano sucessivo as tremendas consequências. Com efeito, foi devastada por uma pestilência tão grande que se contaram três mil funerais. Sob a mesma perseguição caíram Proceso e Martiniano, e muitos outros. Lino sucedeu a Pedro em Roma; Euodio em Antioquia. Naqueles mesmos dias dois assentamentos em Britânia foram conquistados com um grande massacre de cidadãos e aliados. Além disso, sempre naquele tempo, os soldados romanos, perdidas inúmeras províncias no Oriente, foram submetidos com ignomínia ao jugo dos partos. Três cidades na Ásia, Laodiceia, Hierápolis, Colossas foram destruídas por um terremoto, e também deve-se notar que, depois que os apóstolos na Urbe foram coroados pelo martírio, a secular dignidade desta última começou a declinar.

Tão logo Nero soube que, em Espanha, Galba fora proclamado imperador pelo exército, perdendo o juízo, enquanto tenta perturbar a coisa pública, é declarado inimigo do Senado romano. E assim, vendo que sua maldade não pode produzir nenhum efeito, foge a quatro milhas da Urbe e no décimo quarto ano de seu império se mata. Com ele teve fim a família dos Césares. Não faltaram, porém, os que diziam que o que se lê no apóstolo («Agora também sabeis o que é que ainda o retém, para aparecer só a seu tempo», e isto: «só é necessário que seja afastado aquele que ainda o retém») fora dito em relação a Nero, sob cujo império escreveu Paulo. E pensavam também que Nero não estivesse morto, mas que, subtraído vivo das coisas humanas até o tempo último, apareceria com a mesma idade que havia então, e que ele próprio seria o Anticristo.

Chronica sive Historia de duabus civitatibus, III,16,2-28

A cidade de Cristo, como nos ensina a Sagrada Escritura, padeceu em um primeiro momento uma perseguição violenta por parte da cidade do mundo sob reis tirânicos e infiéis; em um segundo momento a perseguição dos heréticos; em um terço momento a mentirosa dos hipócritas. Por fim haverá a última, tão violenta quanto fraudulenta e mentirosa, a mais grave de todas, sob o Anticristo. Este se oporá a Cristo em tudo, na vida e na doutrina, mentindo ser Cristo. Anticristo é chamado porque contrário ao Cristo. Em grego, de fato, *contra* se diz *anti*. Ademais, pensa-se que o Anticristo nascerá da tribo de Dã, isto é, de uma condição servil, daquela sobre a qual o profeta diz: «Dã é uma serpente sobre o caminho, uma cerasta sobre a vereda» [Gn 49,17].

Mas quais indícios precedem o advento do Anticristo, o apóstolo insinua apenas escrevendo aos tessalonicenses. Ele diz: «Agora também sabeis o que é que ainda o retém, para aparecer só a seu tempo. Pois o mistério da impiedade já está agindo», e também: «porque deve vir primeiro a *apostasia*, e o apocalipse do homem da *anomia*». Alguns interpretam essas coisas, como já recordei, como se fossem referidas a Nero, no tempo em que Paulo escreveu; outros, ao contrário, as relacionam ao diabo, cujos membros são todos os que participam na cidade malévola. Dizem, estes, que Paulo entendia Zabulo, que operava o mistério da impiedade perseguindo, entre os membros de sua cidade, os santos. Zabulo opera *a seu tempo*, isto é, no fim do mundo, para que se manifeste toda a impiedade e todas as energias da impiedade se difundindo por meio do Anticristo. Por isso no livro do Apocalipse se lê que após mil anos, número que simboliza a plenitude do tempo, Satanás – que agora está ligado na mente dos malignos que cerram em si, como em um abismo, a malícia – será liberado, e irromperá com toda sua manifesta vileza, infundindo toda sua força. E note-se que Paulo não chama impiedade a maldade do tempo presente, mas o *mistério da impiedade*, assim como todas as penas que a Igreja padece desde seu início até o Anticristo parecem, em comparação às que então deverá aguentar, não impiedade, mas uma espécie de mistério, ou seja, uma figura da impiedade. Pode-se também interpretar que Paulo chame mistério algo oculto (de fato, estamos acostumados a chamar místicas as coisas secretas), e este é o sentido: naquela as tribulações da Igreja são de tal forma evidentes, perigosas e cruentas que, em comparação, tudo o que a Igreja padeceu ou padece pode ser considerado quase oculto. É isso que Paulo prosseguindo diz: «só é necessário que seja afastado aquele que ainda o retém», o que se conforma bem ao sentido das palavras precedentes: aquele que mantém velado os vícios sob um honesto pudor os mantenha, contudo, até que no curso do tempo esses não «venham ao meio», isto é, não se manifestem publicamente, com o rosto desavergonhado. Paulo parece indicar precisamente isso, fazendo a premissa: «Agora também sabeis o que é que ainda o retém», até quando «aparecer a seu tempo». De fato, é como se dissesse: o Anticristo não aparecerá até que «a iniquidade dos amorreus não terá atingido o seu cúmulo» [Gn 15,16]. Onde narra que também a revelação do que retém precederá a apostasia final. Então, será mostrado de fato o Chefe do horror, quando quase todo o mundo, abandonando a verdade, se separará do autor da verdade. Alguns atribuem essa *discessio*, à qual se refere a expressão: «só é necessário que seja afastado aquele que ainda o retém», ao reino (o império romano). Interpretam assim: posto que todos se opõem à justiça e amam o pecado, e por isso se separam da justiça do reino, aquele que retém o reino cairá em tal miséria que perderá todo o respeito e se tornará um homem comum, como se fosse alguém provindo da massa da plebe. Por isso dizem também que o Apóstolo escondeu essas coisas atrás da mascará e do véu das palavras, para não parecer calunioso com o império romano, que era considerado eterno para aqueles aos quais escrevia. Por isso, dizendo: «Agora também sabeis o que é que ainda o retém», pensam que é como se dissesse: quero que outras pessoas saibam com prova manifesta o que vós sabeis. Mas outros interpretaram o sentido dessas mesmas palavras, que antes relacionamos ao reino, ao sacerdócio e à Sede de Roma.

Chronica sive Historia de duabus civitatibus, VIII, 1-2

João Calvino
(Noyon, 10/07/1509-Genebra, 27/05/1564)

[2Ts 2,6] 'O que retém' significa, nesse caso, propriamente um impedimento ou a causa de uma dilação. Crisóstomo, que pensa que essa expressão seja compreendida apenas em referência ao Espírito, ou ao império romano, prefere propender para a segunda interpretação. Oferece, de fato, uma razão plausível – se Paulo tivesse entendido 'o que retém' como o Espírito, não teria usado termos tão enigmáticos, mas sim, entendendo, na verdade, 'o que retém' como o império romano, preferiu evitar suscitar um sentimento de inimizade em relação a sua pessoa. Ademais, ele apresenta outra razão pela qual a sobrevivência do império romano atrase a revelação do Anticristo – como a monarquia de Babilônia foi derrotada pelos persas e pelos médios e macedônios, depois de terem derrotado os persas, novamente se apoderaram da monarquia, e por fim os macedônios foram derrotados pelos romanos, então é evidente que o Anticristo atribuirá para si a hegemonia, já esvaziada, do império romano. Não há nada, do que acabamos de mencionar, que não tenha sido confirmado pelo que aconteceu depois. Crisóstomo, na verdade, leva em conta a realidade histórica. No entanto, sou da opinião que a intenção de Paulo era totalmente diferente, a saber: que a doutrina do Evangelho deva necessariamente ser difundida por todos os cantos, até que todo o mundo seja reconhecido culpado de orgulho e obstinada malícia. Por isso, não há dúvida de que os tessalonicenses tenham escutado da boca de Paulo algo relativo a esse 'impedimento', de qualquer espécie esse fosse, visto que o próprio Paulo apela à memória o que eles antes haviam aprendido em sua presença.

Deixemos, porém, que se pondere qual das duas interpretações é a mais provável – ou que Paulo tenha declarado que a luz do Evangelho deva necessariamente difundir-se em todas as partes da Terra antes que Deus solte as rédeas de Satanás, ou então que o poder do império romano tenha impedido ao Anticristo de insurgir, posto que ele pode irromper somente quando o poder estiver vacante. Em definitivo, parece-me que Paulo pregue universalmente aos gentis – de fato, a graça de Deus deve necessariamente ser oferecida a todos – que o Cristo atravessará com seu Evangelho a totalidade do mundo, para que a impiedade dos homens possa ser comprovada e condenada. Portanto, essa é a dilação, que dura até quando não esteja concluído o percurso do Evangelho. E, de fato, a exortação da Graça à salvação vem antes. Nesse ponto, Paulo usa a expressão «a seu tempo», quando já é chegada a hora da vingança depois que a graça foi rechaçada.

[2Ts 2, 7] *O mistério da impiedade*: isso é oposto à revelação; pois, não tendo ainda Satanás reunido tantas forças, para assegurar que o Anticristo possa oprimir abertamente a Igreja, Paulo diz que ele prepara em segredo o que poderia realizar sem ocultamentos, uma vez que seu tempo tenha chegado. Portanto, naquele tempo, ele colocava em segredo as bases sobre as quais, em seguida, haveria construído seu edifício, como aconteceu. E tudo isso só faz demonstrar com ainda mais evidência a hipótese que esbocei antes, isto é, que não seja apenas um único indivíduo a ser significado na expressão 'Anticristo', mas se trate, na verdade, de um reino verdadeiro e próprio, que se estende ao longo de muitos séculos. Com o mesmo significado, João diz que virá o Anticristo, mas que existiram muitos Anticristos a seu tempo [1Jo 2,18]. Ele alerta seus contemporâneos que procurem defender-se da pestilência mortal, que, naquele tempo, propagava-se manifestando-se de várias formas. As seitas que se estavam difundindo naquele período não passavam de sementes – assim pode-se dizer do infausto joio que arruinou e quase destruiu o 'campo' inteiro de Deus. No entanto, ainda que Paulo sustente a ideia de uma maneira secreta de trabalhar, ele usou a expressão, entendendo evidentemente o 'mistério da salvação', do qual fala difusamente também em outro momento [Cl 1,26]: e, de fato, Paulo insiste muitíssimo na contraposição entre o filho de Deus e o 'filho da perdição'.

Paulo atribui ambas as proposições a um mesmo sujeito – de fato, [o Anticristo] terá uma vantagem por determinado tempo e será brevemente afastado. Não tenho nenhuma dúvida de que tudo se refere ao Anticristo; 'o que retém' deve necessariamente ser interpretado com um significado futuro. Por isso, em minha opinião, Paulo acrescentou para o consolo dos crentes também que o reino do Anticristo será temporário, pois o fim do tempo do Anticristo foi atribuído ao próprio Anticristo diretamente por Deus; os crentes poderiam objetar: 'Que vantagem tem predicar o Evangelho, se Satanás ameaça uma tirania que exercerá para sempre?'. Paulo, porém, exorta justamente à paciência, pois Deus aflige sua Igreja somente por um breve período para que no fim ela se liberte do Anticristo; mas não se deve nem mesmo esquecer a eternidade do reino de Cristo, para que os crentes possam entregar-se a ela.

[2Ts 2,8] «Então, aparecerá o ímpio» – isso é tão logo que 'o que retém' será completamente removido; [Paulo] não se refere ao tempo da revelação, quando quem agora possui o poder supremo «seja afastado», mas se refere ao momento precedente. De fato, [Paulo] tinha dito, pouco antes, que havia algo que retinha o

Anticristo de poder abertamente tomar posse do reino. No entanto, acrescentou também que o Anticristo estava preparando um plano secreto da impiedade. Ao final, [Paulo] inseriu uma consolação conclusiva com base no fato de que essa tirania [do Anticristo] terá fim. Agora, repete mais uma vez que aquele que até agora se manteve oculto aparecerá 'a seu tempo'; e essa repetição é perfeitamente coerente com a ideia de que os fiéis, por serem sustentados pelas armas do Espírito, possam combater fortemente sob a proteção do Cristo, evitando, assim, ser derrotados, apesar da impiedade que pode difundir-se cada vez com maior rapidez.

In epistulam Pauli ad Thessalonicenses alteram commentarii

PRE·TEXTOS | kutchak

001. MASSIMO CACCIARI
Duplo retrato

002. MASSIMO CACCIARI
Três ícones

003. GIORGIO AGAMBEN
A Igreja e o Reino

004. A. I. DAVIDSON | E. LEVINAS | R. MUSIL
Reflexões sobre o nacional-socialismo

005. MASSIMO CACCIARI
O poder que freia

EDITORA ÂYINÉ

Praça Carlos Chagas, 49 2° andar
CEP 30170-140 Belo Horizonte
+55 (31) 32914164

www.ayine.com.br
info@ayine.com.br

DIRETOR EDITORIAL
Pedro Fonseca

COORDENAÇÃO EDITORIAL
André Bezamat

CONSELHEIRO EDITORIAL
Simone Cristoforetti

PRODUÇÃO EDITORIAL
Fabio Saldanha

PRODUÇÃO DE CONTEÚDO
Bruna Wagner

PROGETO GRÁFICO
Evelin Bignotti

TÍTULO ORIGINAL:

POTERE CHE FRENA

ISBN 978-85-92649-15-9

fontes: **Gentium Basic | Calibri**
papel: **Arcoprint Milk 100 gr.**
impressão: **Grafiche Veneziane**